连锁联盟

新零售时代实体店崛起之道

耿启俭　李亮德◎著

中国纺织出版社
国家一级出版社　全国百佳图书出版单位

内 容 提 要

本书以零售业的发展为主线，结合当下市场环境，深刻分析了线上零售与线下实体店的发展困境以及未来的发展趋势，帮助实体店不断发现和塑造新的发展优势，引导实体店采用抱团取暖、连锁联盟的生存方式，合力打造一流的品牌，有效实现逆势崛起永续发展之路。书中除了理论分析和预测，也结合了大量的具体的真实案例，根据商业零售的百货、超市、便利店、购物中心、区域零售等各种业态，分析实体店的发展现状及各自面临的问题和挑战。帮助实体店研究和把握其业态演变趋势，发现未来发展机遇，进而为实体店带来新的转型、升级与可持续发展。

图书在版编目（CIP）数据

连锁联盟：新零售时代实体店崛起之道 / 耿启俭，李亮德著. —北京：中国纺织出版社，2018. 9（2024.7重印）
ISBN 978 - 7 - 5180 - 5310 - 0

Ⅰ. ①连… Ⅱ. ①耿… ②李… Ⅲ. ①连锁企业—零售企业—企业经营管理 Ⅳ. ①F717. 6

中国版本图书馆CIP数据核字（2018）第191564号

策划编辑：陈 芳　　责任印制：储志伟

中国纺织出版社出版发行
地址：北京市朝阳区百子湾东里 A407 号楼　邮政编码：100124
销售电话：010—67004422　传真：010—87155801
http：//www.c-textilep.com
E-mail：faxing@c-textilep.com
中国纺织出版社天猫旗舰店
官方微博 http://weibo.com/2119887771
永清县晔盛亚胶印有限公司印刷　各地新华书店经销
2018年9月第1版　2024年7月第3次印刷
开本：710 × 1000　1/16　印张：13.5
字数：176千字　定价：68.00元

前言

伴随着经济的快速发展，零售业这一传统行业在整个商业领域中迎来了快速发展的“春天”，在短短几十年里，走过了西方零售业近百年的发展道路，实现了突飞猛进式的发展。在过去几十年中，中国零售业大量引入西方管理技术、管理经验，可谓是为本土零售业的发展夯实了基础。

然而，随着线上零售的崛起，零售业竞争环境日趋激烈，传统零售业的发展方式已经很难支撑实体店的进一步发展，并且在电商的不断冲击之下，实体店的状况不容乐观，生意也越来越萧条，出现了大量实体店倒闭、关店的现象，逐步迈入了资本的“寒冬”……

消费观念的升级、商业模式的转变、竞争环境的加剧，一切都在催生实体零售产生新的变革，要求实体零售站在全新的视角，深入探究商业发展的核心价值，重新审视实体零售的本质所在。

本书主要以零售业的发展为主线，从商业发展的视角，一步一步地探究传统零售业的发展历程。结合当下市场环境，深刻分析了线上零售与线下实体店的发展困境以及未来的发展趋势，帮助实体店不断发现和塑造新的发展优势，引导实体店采用抱团取暖、连锁联盟的生存方式，合力打造一流的品牌，有效实现逆势崛起永续发展之路。

本书分为八章，第一章主要是对实体零售业发展现状的解读，通过问题分析帮助实体店看到自身发展所面临的八大困境，包括发展之困、管理之困、成本之困、市场之困、竞争之困、产品之困、品牌之困、服务之困等。针对这些困境，本书作了详细的分析和发展趋势总结，引导实体店看到新的发展方向、迎来新的发展机遇。第二章主要通过实体零售店的成功变革与崛起，分析实体店发展的前景和优势，帮助实体店实现优势互补。第三章通过新零售时代下实体店抱团取暖、连锁联盟的案例分析，引导实体店迅速寻找到自身逆势崛起的永续发展之道。第四章与第五章，主要结合共享经济下新的发展趋势，帮助实体店看到新的发展可能，通过连锁联盟共享的模式，帮助实体店合力打造一流的品牌以及实体店连锁联盟运营体系。第六章通过销售布局，努力为实体店打造一个线上线下全零售的系统。第七章围绕价值回归，帮助实体店发现产业链价值共创的新模式，实现真正意义上的共创共生共荣。最后一章，回归到商业的本质，回归到经营者的出发点，帮助实体店在“利益大于天”商业圈中，树立诚信的经营体系，领略到商德唯信、利末义本的真正内涵。

本书在预测和分析新零售时代下实体店生死存亡的同时，也结合了具体的真实案例，根据商业零售的百货、超市、便利店、购物中心、区域零售等各种业态，分析实体店的发展现状及各自面临的问题和挑战。帮助实体店研究和把握其业态演变趋势，发现未来发展机遇，进而为实体店带来新的转型、升级与可持续发展之路。总的来说，这是一本专业而有效的工具辅导书，不管对连锁店铺的经营者还是商业零售企业中高层抑或个体店铺小老板，都足以称得上是一本操作手册和行动指南，不仅能够帮助零售业把握新的发展趋势，还可以作为实体店经营者在现实经营中解决问题的参考工具书。

著者

2018 年 3 月

目录

第五章 协同发展：实体店联盟运营体系

第六章 销售布局：线上线下全零售体系

第七章 价值回归：产业链价值共创体系

第一章

现状解读：新零售时代实体店之困

电商的来势汹汹、巨大的成本压力、市场的恶性竞争以及产品同质化的横流，面对一系列的发展困境，实体店的发展每况愈下，生意越来越萧条。与此同时，市场竞争越来越激烈，一些实体店抗衡不住压力和冲击，纷纷倒闭；还有一些实体店在混乱低迷的市场环境中，正在寻找新的变革与转型……面对这一切，实体店究竟该何去何从？

1. 发展之困：电商冲击，实体店倒闭

随着电商市场日趋繁荣，实体店的状况不容乐观，生意越来越萧条。据《联商网》对重点城市做的不完全统计，2017 年，中国大陆至少有 45 家百货店关门歇业（尚未包含数十家玛莎等类百货门店）。而在美国实体零售商中，2017 年第一季度有近 2100 家门店关门、9 家零售商申请破产保护，甚至超过了经济大萧条时期的高位。

透过这些实体店阵亡的名单数据，我们再一次感受到实体店大洗牌的危机，并且伴随着电商的日益成熟，消费习惯的变化和升级，实体店的“寒冬”还有很长的一段路要走。

对于实体店而言，电商真的有那么可怕吗？它对实体店铺究竟有着怎样的“杀伤力”呢？

（1）抢占市场份额

据“中商产业研究院”统计数据显示，截至 2017 年 12 月，中国网络购物用户规模达到 5.33 亿，占网民总体的 69.1%。其中，手机网络购物用户规模达到 5.06 亿，使用比例由 63.4% 增至 67.2%。与此同时，网络零售在 2017 年的全年交易额达到 71751 亿元，同比增长 32.2%，增速较 2016 年提高 6 个百分点。

为什么电商呈现出如此庞大的冲击之势呢？其实早在 2012 年之前，电

商就已经在积累原始资本，悄悄准备着。2012年，中国59.8%的零售增长来自于一二线城市之外的地区。其中主要原因就是电商采用“农村包围城市”的战略，开始挖掘二三四线城市的蓝海。由于传统零售体系下三四线城市消费者可选择的商品有限，二三四线城市线下商铺种类、线下服务的多样性远不如一线城市多，通过加强城市网络宣传，很快形成消费习惯，其忠诚度、用户黏性都较高，最终形成口碑的雪球效应。

面对电商的“早有预谋”，而此时的实体店仍处于自身传统经营模式的舒适区中，没有丝毫防备和创新之势。所以，电商的强势垄断和碾压，必然在商业领域掀起一阵狂潮。实体店的交易额不断下滑，市场份额不断缩减，面对一切，毫无反击之力。

（2）引爆价格大战

在市场竞争中，价格战是电商使用的最普遍的竞争方式，一些电商利用价格战争夺市场份额，获取更多的利益。

电商引发的价格大战，逐步成为扼杀零售业创造力的主要障碍，并且随着竞争持续白热化，已经在部分企业之间演变为一种恶性竞争。而这种恶性竞争带来的危害也非常严峻。

- 产品价值与价格匹配不合理，也让供应商负担加重。导致实体店在人工成本、租金成本、税费成本等多种经济压力之下，不得不牺牲更多的利益来打这场价格战。
- 过度价格战使市场秩序混乱，资源被浪费，使整个行业的市场发展受到损害。从长期发展的角度来看，电商面对资源的浪费与损失，自然是“伤不起”的。
- 激烈的价格战使消费者对实体店的忠诚度降低。电商以其商品价格低而获得巨大竞争力，电商之间的竞争也因低价取胜，很多忠实的客户也由线下实体店转移到线上。

在这场价格大战中，“电商”在店铺租金、税费、人员工资、营业时间等多种优势的情况下，深入挖掘价格渠道，硬是将价格压到了最低。例如，在实体店铺标价 399 元的商品，电子商务平台硬是将其降低至 99 元包邮。而实体零售面对这种低价竞争，自然是招架不住的。

（3）加剧就业不平衡

随着电子商务逐步走向成熟，分工更加明确，使得行业发展出现了巨大变化。刘强东表示：“电商的崛起导致大量人才涌入互联网、电商行业，曾经的沿街小店受到电商冲击纷纷关门，从而导致大量人员下岗、失业，伤害了传统产业。”

从现实情况来看，电商的高速发展确实为传统产业带来巨大冲击。其中，包括百货、综超、服装等传统零售业纷纷转型为线上渠道，这就意味着越来越多的人工劳动力将被智能、网络所取代，更多从事体力劳动的人员将会失去工作，从而加剧了整个社会的就业不平衡。这种不平衡进而导致实体零售业的从业人员和资源基础不断减少和削弱，最终导致实体零售无法与电子商务相抗衡。

总而言之，电子商务的快速崛起，不可避免地给实体零售带来致命的冲击，让实体零售承受颇多压力，面临发展和生存的双重困局。对于依然幸存的实体零售来说，现阶段的当务之急并不是怎样与电商抗衡，而是应该分析实体店在当下发展所面临的困境以及如何加速转型、升级来应对这些困境。

2. 管理之困：缺乏科学管理

自2012年起，全国的实体零售店陆续步入下行轨道，各地纷纷出现关店潮。究其本质原因，除了来势汹汹的电商冲击以外，自身也存在着诸多缺陷，导致其不能满足消费者日益升级的消费需求以及整个社会的发展趋势。其中实体店自身发展存在的缺陷和困局，主要源于内部缺乏科学、细化的管理。这一点在百货、超市、服装等实体店尤为凸显。

具体来说，实体店缺乏科学管理主要表现在四个方面：

（1）简单粗暴的营销方式

很多实体店在经营管理过程中，时常采用类似于低价促销这种简单粗暴的营销方式，并以此作为市场推广的唯一利器。而实际上，“大米一毛钱一斤，鸡蛋一毛钱一斤”的时代已经过去，当前的市场形态和消费需求早已发生了显著的变化。

首先，随着“90后”“00后”消费群体的不断壮大，消费意识已经在发生较大变化，出现新的升级，已经逐步从追求价格实惠转变为追求商品品质以及精神诉求等层面。其次，在市场经济下，运用粗暴的价格战手段，拼抢存量市场资源已经失去了意义和价值。最后，粗暴的营销模式在电商的资本化运作手段面前，实体店的价格优势几乎是荡然无存的。

所以，面对这一系列的发展变化以及自身发展存在的劣势，实体店一味地用粗暴的价格营销手段来拼抢市场，手法实在是不高明。企业真正需要做的是：时刻关注消费者和市场变化，挖掘客户需求和市场风向，在此基础上另辟新的营销路径。

（2）错误的选址决策

对于实体店而言，缺乏开店前的管理和规划，实体店如何选址是一大问题。好的店铺选址是能否具备发展潜力的前提以及长期发展的基础，是获取客户流量和效益的主要因素。而不好的、错误的选址则与店铺的萧条阵亡和有着直接关系，商圈、地段、经营类型、营运和经营者个人情况等都是选址必须考虑的因素。

然而很多实体店在进行选址时，仍然持有较大的盲目性与主观性。尤其是随着大众创业市场的打开，很多创业者在选择开店之前，缺乏科学的规划和管理，对于实体店的选址常常伴有较多的主观性和从众性，没有慎重地对市场前景、用户人群以及用户需求进行细化和分析，从而导致最终选择上容易出现选址不当、选址不佳等问题。而这些因素都会成为后期店铺经营过程中所存在的隐患和风险。

（3）缺乏融合数据

在互联网时代背景下，互联网技术已经渗透到各行各业，但是实体店作为较为传统的零售模式，却无法向互联网那样，充分利用网络技术、利用大数据对目标客户群体进行更加广度和深度的分析。

根据调查研究显示，当下80%的零售店老板都没有运用店面大数据来对消费者、会员以及商品进行画像，缺乏智能有效的管理系统与行业资源平台，没有尝试智能高效的零售工具。

除此之外，目前在零售店铺运营重要的系统配套环节上，零售管理软件市场占有率偏低。而此时，常规的零售管理软件已经不能满足现在市场中动态式的运营变化。这一系列因素都导致实体店很难通过完善的数据分析体系来帮助自身进行预测资源、提升销售业绩以及降低库存风险等。

（4）缺乏精细化、多渠道管理

首先，精细化管理最早主要出现在规模化的制造业之中，如汽车、家用电器等产业，企业通过精细化管理优化其生产流程、管理流程。其中最著名的莫过于日本丰田精细化生产和美国戴尔公司的零库存管理。并且“零缺陷”“准时化生产”等都已经成为精细化管理的代名词，被越来越多企业广泛应用。因此，实体店在精细化管理层面需要向拥有精细化管理的企业看齐，创造出属于自身的发展优势。

其次，科技发展日新月异，信息技术无时无刻不在改变着人们的生产和生活方式，人们的消费模式和心理需求也随之发生了改变。这种形势下，实体店的弊端频频出现，对于供应商的实际需求以及管理标准化、精细化性相对匮乏，相比较互联网电商，实体店在渠道、工程管理、供应链管理、仓储管理、资产有效性管理等方面也都出现了短板。

单就实体店的渠道来看，相对单一的渠道严重限制了实体店的全面发展。

例如，一位顾客想要购买一台电脑，他在购买之前会先到网上去查询一番，然后到淘宝、天猫、苏宁、聚美优品等多个网上商店进行浏览和比较，并且很多客户借助网上购物平台的产品评论或者是询问购买之后客户的评价来作为衡量标准，最后选定一家商店。

如果他在买之前还想比较一下其他品牌的商品信息，可以在手机的APP上查看其他商品的价格、款式、风格等，经过一番精心比较之后，最终选择了某一品牌的商品。

显然，从消费者的购买过程我们可以发现，消费者所使用的渠道类型不止一种。其中包括网上渠道、社交渠道以及移动渠道等。在如今社会中，这并不是个别现象，而是流行在年轻人当中的普遍现象，并且这种购物方式正在形成一个庞大的全渠道消费群体。

而这一切相对于传统实体店来说，却是很难做到的。所以，这也是如今很多消费者习惯于选择在网上购物的原因。

总的来说，实体店想要快速走出“寒冬”，迎来自身新的发展前景，并不能依靠电商趋势的下滑或者是政策的支持和鼓励来维持自身的发展。正如北京“好邻居”连锁便利店总经理陶冶所说：“实体店日子难过，零售模式落后也是大问题。”实体店应该自身掌握更多的主动性，站在旁观者的角度看到自身管理模式、经营模式存在的诸多弊端与不足，进而做出有效的转型和创新。

3. 成本之困：资源浪费，成本增高

中国教育在线总编辑陈志文指出："近年来，从消费品到大宗商品，从卖纽扣到卖房子，一切都在'电商化'，目前正向医疗、教育等垂直服务领域深度延伸。"以网络零售为主的电子商务持续保持快速发展。

然而，人们在赞叹网络零售发展如此快速时，却忽略了一点，即使网络零售发展再迅速，还有剩下接近90%的比重来自于实体零售。也就是说，零售业的销售实体零售远远大于网络销售。那么问题来了，实体零售作为零售业中庞大的份额，为什么利润额却相对暗淡，甚至经不起网络零售兴起带来的冲击。

（1）经济快速发展，经营成本提高

如今随着国内经济的快速发展，对于实体店而言，最直观的感受就是门店租金上涨，物价的上涨以及用工成本的上涨。这些成本的不断提高，导致实体店面临巨大的经济压力。这也就是为什么同样的产品，在网络上能够卖出低价，而实体店却提供不了优惠。

在过去，实体零售增加的经营成本还可以通过提高价格，将一部分成本费转嫁到消费者身上。而现在，随着商品价格的透明，实体店想要转嫁成本可谓是难上加难。一些冒险尝试着涨价的实体店，因为与网上的同类商品形成价格落差，理所当然地流失部分客户资源。一些管理滞后的实体

店，也因为提价受阻，只好闭店止损，进行全新的升级改造，以求优化流程。可以说，成本已经是实体店发展面临的主要障碍以及重大困惑之一，是实体店亟待解决的问题。

（2）库存压力较大，经济资源双重损失

库存较大带来高昂的库存成本，进一步增加了实体店的成本压力。实体店的库存压力主要体现在以下三个方面：

➢ 生产过剩，也就是生产出的商品远远大于市场需求，所以导致很多成本资源得不到有效的利用，最终形成资源浪费，造成经济和资源两个层面的双重损失。

➢ 实体零售的仓库布局不合理，内部业务存在诸多的不确定性。这不仅导致产品占据很大的仓库面积，大大降低仓库的利用率，同时实体店没有一套库存控制策略，包括经济订货批量，订货间隔期，安全或保险库存等。所以，某些物品一旦出现供大于求的现象，就造成产品积压，浪费人力、物力和财力。

➢ 破损、质变及退回商品没能及时处理所形成的库存。企业的仓储部与质检科联系不紧密，信息传递缓慢，对破损、质变等商品的单据处理及层层上报批复的过程复杂，甚至是责任不明确形成的互相推卸，这一切造成了库存的增大和库存成本的提高。

“东方药业”是一家药品品种较多，较全的医药公司。公司成立以来，效益一直稳居云南省同行业前列。旗下有9个医药分公司，30个医药零售连锁药店。虽然拥有较好的发展前景，但是东方药业在发展过程中仍存在较多阻碍，承担着较大的成本负荷。其中库存成本过于繁重，东方企业没有较为系统的库存控制策略，经常会出现供大于求的现象，久而久之，造成一系列的产品积压，最终导致资源和经济遭受到双重损失。

如案例中的东方药业一样，缺少较为完善和系统的库存控制策略，导致产品积压、产品利用率大大降低。此时，如果实体店没有顾及市场需求、用户需求，盲目地投入生产，最终会导致产能过剩，供大于求，产品出现滞留，浪费。这一切都会导致库存的增大以及库存成本的提高。

（3）渠道部门重叠，占用大量成本

很多大型的连锁实体店，为了拓展营销，采用了多渠道的销售，自建商城、网络购物以及自身的传统店面。但是由于没有功能健全的全渠道管理系统，所以无法统一管理与统一经营，因此对于实体店而言，每建立一种新的渠道，就需要打造一个新的团队。这一系列的流程下来，新增利润还不够新的成本支出，必然导致人力、资源成本的浪费。

此外，由于各渠道之间互不关联，没有形成紧密的关系，也容易导致各部门之间重叠，不能有效发挥自身的作用。例如，某个部门已经开始着手采购工作，按道理说，其他部门就应该进行仓储、营销推广等工作流程。但是由于各渠道之间互不关联、分工不明确，所以各部门之间各做各的，最终导致各部门之间工作重叠，造成人力资源成本浪费。实际上，通过强大的管理功能，将所有销售渠道融合在一起，采购、仓储、营销、发货等工作流程，只需要一个团队就可以操作所有工作，并且节约了几倍的人力资源成本。

（4）库存数据不准确，成本浪费

各渠道销售互不关联，除了会造成人力资源成本浪费之外，还容易造成数据不统一，库存数据不准确，最终影响销售。由于没有统一的数据管理，所以很多实体零售的库存数据的更新是滞后的、不准确的。进销存账目错误，导致出现客户有需求没产品或者是客户没需求有产品的不对称等局面，有时候明明市场有机会，但就是抓不住，最终自然造成成本的浪费。

总而言之，成本的沉重负荷在不断地将实体零售推入困境之中。对于实体零售而言，成本转嫁或者是等待政府的宏观调控，都不是有效解决成本问题的重要策略。实体店真正需要做的是进行全新的升级改造，在不断优化流程的同时，尝试新的零售模式，新的经营理念，以谋求更多的发展机遇。

4. 市场之困：行业市场混乱低迷

在电商、成本以及消费需求的不断“蚕食”之下，实体行业进入了低谷期，市场出现了混乱低迷的现象。早些年逛百货商场，琳琅满目的商品总给人一种欣欣向荣的生机感。但最近两年来，即便是在热闹促销柜台旁也不免让人感受到一丝“凄凉”——依赖各种促销带来的销售热潮能持续多久？实体商家使出浑身解数，销售额却还是在下滑……

面对以上种种困境和阻碍，实体零售不免需要进行深入思考，究竟是什么原因导致实体零售深陷行业市场的“泥淖”之中，很难发挥出新的生机与活力呢？

（1）需求变化快，缺少创新元素

市场需求千变万化，产品更新换代日新月异，在快节奏、商品横飞的市场背景之下，一方面市场混乱，单纯的产品升级已经难以吸引客户足够的兴趣；另一方面，消费人群和消费文化的升级，消费者对产品的认知不断增加，会更加理智地看待产品，衡量个人是否真正存在需求。

以平板电脑行业为例。前几年，平板电脑给人们带来一定的新鲜感，受到很多人的热捧。但是近年来，智能产品不断地更新换代，平板电脑的一代代发展也不具备更多新意的元素。无非是外观的轻薄化，处理性能的提升，显示效果的加强以及系统体验的流畅程度优化等方面有所升级，在其他方面并没有更多新意的理念加入进来，失去新意又缺乏核心竞争力，这自然会导致很多用户放弃购买行为，平板电脑更需要从本质上有所突破。

在产品不断更替、市场混乱的背景之下，单纯的硬件升级难以引起消费者足够的兴趣，这是平板电脑实体行业因为缺少创新元素而面临的发展“瓶颈”期。事实上，除了平板电脑、智能实体行业之外，很多实体零售业之所以不能够在低迷的市场之中脱颖而出，也源于自身的产品和服务没有得到充分的创新与升级，导致在市场之中不具备旺盛的生命力，自然难以长久地立足于市场之中。

相反，那些永葆活力、持久不衰的品牌之所以能够存活于市场之中，是因为其不断创新、不断突破升级，适应市场需求和时代的变化。

（2）传统实体业前景暗淡，新增品牌很少

很多传统的实体行业相对暗淡，市场上新增品牌越来越少，产品在市场吸引力逐渐降低，在激烈的市场竞争环境中，不具备竞争力。而与传统实体业暗淡的发展现状相比，那些不断新增品牌、打着高端、个性、体验旗号的产品自然在市场之中大放异彩。除了传统实体业的暗淡，如今市场上同类产品中新增的品牌更是与前几年不可同日而语。整个市场大环境都呈现出颓势，实体行业的市场吸引力也确实每况愈下。

（3）销售手法落后，效率较低

随着实体行业的经营成本不断提高，营销利润的日渐下滑，很多实体行业纷纷将盈利的主要方向定位在营销上。实体店商期望通过高效的营销手法来提升自身效益。然而，诸多营销手法的背后，粗暴的营销手段层出不穷、恶性低价竞争的营销也日益凸显，整个市场都呈现出一种不健康的发展态势。从实体行业发展的利益来看，这并非长久之计，甚至不足以称得上是有效的“缓兵之计”。

除此之外，传统促销对于销售的拉动和效果也在不断减弱，促销力度的加强除了增加较多的人工成本和资源成本之外，产生的效益也屈指可数。实体行业必须寻找出新的营销路径来实现自身的有效营销。目前线上线下相结合的营销方式以及线下注重体验的营销模式已经在许多实体行业中初显成效。

总的来说，实体零售行业的市场持续低迷，行业细分，渠道融合，线下实体业和线上之间竞争加剧的同时，也在加速整合。那些挤入风口的实体店究竟是昙花一现，还是已经迎合整个市场的趋势和需求？作为实体行业，究竟应该闭店止损、全面升级，还是追逐市场发展趋势，未来发展又会如何？

这一系列的问题不免让身处其中的传统零售企业倍感压力，而线下线上的竞争日趋激烈，也让根植于电商平台的实体店开始思考，在市场低迷的大环境下，接下来该何去何从。

5. 竞争之困：价格恶性竞争，盈利困难

电商的兴起与蓬勃发展不仅仅因为它是一种新的消费模式、消费渠道，并且使用便捷，还有一个重要的原因是它价廉。相较于同类产品而言，形成较大的价格差。

例如，一款32英寸液晶电视，线上价格为2699元，而市场价则为3999元，相差1300元。一款三开门冰箱网络售价为1799元，而市场价是3000元。线上线下商品的品种差异不大，但价格却相差百分之十几。

从某种意义上来说，价格战是一些线上零售争夺市场的必要手段，它是先市场后盈利的另一种解释。但是本着这种出发点进行销售，在带来一定市场反馈的同时，也会导致整个市场陷入价格的恶性竞争之中，产生一系列不良效应。导致实体商家为了迎合客户渴望低价的心理需求，不得不进行一系列的低价促销。

尤其是在节日假期、“双十一”、“双十二”节日等时间段，价格战更是如火如荼。

2012年的“五一价格战”，先是国美投资9000万元让利于消费者；紧接着就是5月6日京东宣布投资5亿元进行家电促销活动；然后5月7日，天猫电器宣布投入2亿元启动持续整个夏季的促销活动；紧接着苏宁易购

执行副总裁李斌透露：苏宁计划投入20亿元特价货源和4亿元让利额度，再次全面击穿全网底价。

面对庞大惊人的数据，的确让消费者感受到充分的好处和幸福感，但是对于电商企业来说可就惨了，投入巨资砸用户，利润是一低再低甚至赔本赚吆喝，他们之间究竟是理性回归还是恶性竞争？

从消费者的角度而言，可能低价销售的确是一种理性回归，是广大商家回馈客户、造福于客户的一种方式。但从商家的角度以及结合整个市场的发展态势来看，这是一场价格上的恶性竞争。

（1）收支不平衡，盈利困难

原库巴购物网创始人王治全指出：“现在整个电子商务行业都是没有盈利的，是很不健康的一种状态。目前，线下实体店的利润点也不是很高，净利才3个百分点。只有实现线上销售价格与线下价格的靠拢，不单纯依靠价格恶性竞争，电子商务网站才能实现盈利。”

苏宁集团董事长孙为民则表示：“价格只是行业竞争的一个规则，价格战纯属噱头，京东很难盈利，赔本赚吆喝。”“现在价格战主要是由于现在资本过剩，电子商务网站创业者以吸引风投个人赚钱为目的而造成的。”

无论对于价格战的说法如何，归根结底，零售商打价格战的前提还是要盈利。毕竟商场上是博弈而不是博“傻”。不管是线上还是线下，对于任意一个理智的公司，都应该在自身能力的范围内，适度支持这场价格战。而不是“大量输血”，加剧整个低价的局势，导致整个行业都处于盈利困难的市场竞争之中，这对于整个行业的发展来说，都是极其不利的。

（2）扰乱经济秩序，无法公平竞争

只要打开网络，我们就可以看到遍布网络空间的虚假标价广告。这些广告通过价格对不上图的虚假橱窗广告陈列，骗取用户点击、骗取即将在实体店的购买行为转接到电商平台。这种混乱标价的橱窗广告严重扰乱了整个社会的经济秩序，导致同行业的产品以及线下实体店的营销受到了很大程度的干扰，最终无法展开公平的竞争。

（3）迫使加入价格战，阻断向高端发展

线上零售作为一种看不见摸不着的销售渠道，往往会导致不知名品牌的优质产品无法得到消费者以触感和观感得到的认可。线上的销售方式因为展示的只能是文字和图片，消费者难以有效地区分商品的好坏，对于优质的产品往往看不到其优质“之处”，这就使得同类产品的竞争只剩下激烈的价格竞争。一旦激烈的竞争价格拉开帷幕，就意味着阻断了各产业附加值的提升，阻断了这些产品向高端、高品质方向发展。迫使他们降低品质加入价格战，出价一个比一个低，消灭了品质的财富创造，阻断了新的财富形成与增长。这对于整个社会发展而言，是一种不健康的、不良的商业模式。

总的来说，对于零售业乃至更多的行业而言，低价促销的背后可能只是一种以退求进的商业手段，只是企业用部分利润回馈客户进而取得更多市场交易的战略意图。但是正是打着这种看似合理的旗号，长此以往的恶性竞争毁灭了社会大部分的财富创造力，导致商品的品质日益拙劣、下滑。

这种价格上的恶性竞争实质上就是实体店陷入崩溃的开始。与此同时，线上商家的恶性竞争也导致绝大部分商家被迫战略性亏损，出现盈利困难。综合来看，长期价格的恶性竞争，无论是于线上还是线下实体零售，任意一方都是“伤不起”的。

6. 产品之困：同质化、假货横行

假货问题一直是困扰中国电商行业多年的“心病”。在现实生活中，各种各样的假货随处可见，可谓是横行无忌。它已经绝不仅仅是一种个别现象，或者是一种单纯的社会形态。

产品同质化、假货横行的背后，隐藏着更加严峻的问题，它意味着假货有它自身存在的市场，整体社会风气不断低下，假货的制造商有积极性去生产假货，导致整个市场假货横行、低劣产品随处可见。同时，假货意味着价格低廉，在价格上占据优势，所以从很大程度上来说，市场上的假货已经呈现出垄断趋势，限制和制约了实体行业的发展。

那么，产品同质化、假货横行给整个零售行业带来哪些不利的影响呢？

（1）降低消费者信任，引发诚信危机

一些商家在生产假货、同质产品的同时就已经在进行着不诚实的行为。而为了弥补这种假冒行为，商家不得不用更多不诚信的做法来不断弥补自身编织的“谎言”。由此导致网店刷单、刷信誉，线上购物刷数量、刷信用……各种不诚信的现象比比皆是。

事实上，一旦出现信任危机，影响的不是一两家网店，而是整个零售行业。例如，2014 年 7 月，聚美优品第三方商户“祥鹏恒业”被媒体披露涉嫌造假，当时聚美优品“壮士断腕”，迅速砍掉了整个第三方奢侈品业务线。

国家工商总局表示，尽管多次就不诚信问题约谈电商企业，但损害消费者权益的行为仍屡屡出现。“双十一”期间，某些电商平台出现多种违规促销，诱导消费者盲目消费。还有一些电商平台虚构网络交易额现象严重，一些卖家还通过“空买空卖”刷高交易数量，提高信用。

为此，一些人认为是电商的发展，为假货商家提供了可乘之机，认为电商借助假货来助长自身的业绩。对此马云表示，“假货是阿里之痛，也是中国经济之痛。”在一次接受采访中马云指出：“我不相信靠不诚实能真正成功。我们有个统计，每卖出一件假货，就会让阿里巴巴失去5个以上的用户。从根本上而言，阿里巴巴是假货的受害者。”

且不追究究竟是电商助长了假货的趋势还是假货成全了电商的快速发展，从本质上来看，假货无论是对于生产者、出售者以及线上出售终端平台而言，都是在一点点地侵蚀着消费者的信任感与底线。从短期来看，可能会产生立竿见影的效益，甚至也不会损失几个客户；但是长此以往，随着信誉的不断丧失，不良记录的不断叠加，定会掀起波澜，引发诚信危机，甚至对整个社会都会造成重大的影响。

信誉是一个公司、一个店铺长久生存的前提。保护好它，不仅为自身发展提供一定的优势，也为同行业甚至是其他行业发展带来一定的便利。

（2）破坏市场管理秩序，刻意垄断商贸

一些电商平台虚构网络交易额现象严重，一些卖家还通过“空买空卖”，以此刷高交易数量，提高信用。由于线上不能通过自身体验直接感受到产品的真实程度，很多消费者选择相信所谓的“好评”，以“好评”作为自身决策的基础。所以，这让很多捏造虚假评价记录的商家店铺有了可乘之机。

与此同时，由于电商平台征税制度的缺失，“不开发票、不上税”，没有相应的制度规范，这在很大程度上导致了对传统实体店的不公平。并且随着线上零售这种行为的不断加剧，不仅会严重破坏市场的管理秩序，也存在着刻意垄断的嫌疑，无论是对于实体零售还是线上同行业来说，都是不公平的。

（3）产品技术薄弱，出现创新之困

造成产品同质化的主要原因是无节制的效仿和侵权。例如，盗版图书，侵犯的是知识产权，任何一个有著作权的产品在网上分分钟就可以进行复制和再卖。

这种一味效仿和侵犯他人的技术和创造的行为，在一点点地侵蚀着商家对于产品的创造力，在消磨着整个行业的创新能力，导致每个人都渴望借助他人的创新之势、借助他人的“东风”来捞取现成的利益，最终整个社会的产品技术相对薄弱，产品发展出现创新艰难的困境。不仅对于整个商业领域的发展是一种限制性的因素，同时对于整个社会的发展、消费需求也是不负责任的。

结合自身需求，不断巩固技术创新领域，形成自身的创新优势和基础，才是未来市场发展所需要的，而一味地追逐和效仿，为了谋取眼前的利益而生产假货和低劣商品，终究不是长期发展的基石，更不是获取更多利益的有效战略。

7. 品牌之困：单店经营，难以形成品牌

在过去，凭借低成本、低门槛，小到只要拥有街角巷子的一个10平方米的门店，卖卖产品就可以轻松地生存下去。而如今，诸多问题也随之涌现！各行业规模的不断扩张、同质化竞争、众多品牌的不断涌现，在原本近乎饱和的市场里，让每一个实体店主都变得愈加举步维艰，更何况以单店模式运营为主的商家。

以美容院为例。据统计，2017年，全国有170万家美容院，其中95%的单店运营艰难，看不到未来。现实中，我们所看到的不过是美业规模的急速膨胀，呈现出覆盖式的发展，实则这些不断涌入市场的美业，总有一些不知名的实体店“死”在了前期发展的路上。

而美业的运营艰难只是整个市场的一个缩影，占据着整个社会的冰山一角。除此之外，还有更多的单店经营难以维系，还有更多的单店经营者无法在庞大的市场环境中突围而出，更有甚者直接导致店铺经营不善，收入赤字。

那么，单店经营究竟面临怎样的发展困境呢？

（1）单打独斗时代已过，抱团取暖才是王道

俗话说："单丝不成线，独木难成林，一人难成事，齐力可断金。"随着时代的不断发展，社会大环境不断发生变化。在如今的社会背景之下，单打独斗已不能顺应时代的变化，抱团取暖才能实现利益最大化。

以万有轴承连锁为例：

近年来，行业市场混乱低迷，假货横行，生产与代理环节普遍存在产品同质化、价格恶性竞争、盈利困难的问题，实体单店面临难以持续健康永续发展的"瓶颈"。

万有轴承连锁在轴承行业从业近20年当中，越来越感受到极大的危机。创业团队开始思考：如何才能够构建一个和谐永续的轴承行业环境？创始人带领团队开展了长期的市场调查。调查分析后得出以上所存在的问题是由于三大主要原因造成：品牌意识薄弱；整体产业水平有待提高；企业自身缺乏科学管理。

为此，万有轴承连锁开始寻找摆脱困境的方法，根据全国最大的家电零售连锁企业——国美的成功案例，万有轴承连锁总结出了一套可行方案：通过搭建强大的连锁联盟销售平台，将轴承代理经销商和自身的资源有效整合到这个平台上，一边为轴承生产制造企业提供快速出货的销售渠道，另一边为消费者提供优质低价的轴承商品和高效的服务。率先在业内推出万有轴承连锁，让传统轴承店加盟后，迅速获得转型升级及可持续发展之路，取得了市场的高度认可，具有眼光的先知先觉者都纷纷加盟抢地盘，目前万有轴承连锁已经发展成为中国轴承连锁第一品牌。

万有轴承连锁在市场混乱、商品同质、品牌大规模涌入的环境之下，预知到了危机感，并开始针对危机感思考如何构建连锁品牌、连锁团队，从而为客户提供更加全面高效的服务。在如今环境背景之下，如万有轴承连锁一样，很多实体业也都感受到了危机，深知实体个体经营力量的薄弱。只是面对这一困境，想要寻找到适合自身的品牌以及所谓的立足之策，对于实体店来说，仍然具有一定的挑战性和风险性。

（2）品牌意识薄弱，品牌建设滞后

实体零售品牌意识薄弱主要体现在三个方面：

- 传统的单店经营以及代理模式，满足不了不同消费群体需求；
- 没有以客户为导向，建立消费者信赖的购物场所，导致客户忠诚度低；
- 对于品牌的保护不够，假冒伪劣现象比比皆是。

首先，很多实体店在经营的过程中，仍然抱着固有的营业理念，认为凭借自身的力量也可以在市场中拥有一方立足之地。而事实上，单店经营不但难以形成稳固的企业品牌，提高自身抗风险意识，同时也很难满足不同消费群体的需求，拥有更多的客户源。其次，很多实体经营者在经营的过程中，并没有以客户为导向，没有与消费者建立相互信赖的关系，导致客户的忠诚度较低，难以形成持久的盈利来源。最后，在整个零售市场中，很多实体零售者并没有形成较强的品牌保护意识，这在一定程度上纵容了假货市场的存在，导致假冒伪劣、同质化产品横行泛滥，破坏了整个市场的发展规则。

（3）整体产业水平有待提高

在市场环境下，整体的产业水平比较低下，行业的分工以及行业内部的运作都没有形成较为规范、合理的经营模式。主要存在以下几方面劣势：

- 行业分工不精细化；
- 行业运作不规范；
- 企业规模不大，难以形成规模效益，同质低价恶性竞争；

➢ 重复建设造成资源浪费，能源过度消耗，成本增高。

以上四个方面的缺陷都在制约和阻碍整体产业进行全方位和规范化的发展，并且随之带来的不利因素都在一定程度上限制了整体产业水平的进一步提高，导致产业水平持续处于低水平状态。

（4）经营者缺乏现代化经营意识

很多实体经营者在经营店铺过程中，惯于采用以往个体、单店经营的模式，对整个零售行业缺乏现代化的经营意识以及现代化管理模式。主要表现在以下几个方面：

➢ 实体零售业对自身定位不明确；

➢ 公司内部运营管理不规范；

➢ 实体零售业自身缺乏科学管理。

这些缺乏现代化经营理念的管理模式，已经远远跟不上当下时代发展的脚步，随着电商以及各种因素的不断冲击，一切都在对实体零售业的发展提出新的要求。所以，实体零售业应该在不断发展的同时，与时俱进，抓住现代化经营模式以及市场的变化需求，形成自身的稳定品牌。

总的来说，在如今快速发展的时代背景之下，“伟大品牌”的价值已经远远超过了产品本身，如“可口可乐”“苹果”“耐克”等。品牌的无形价值足以让所有的企业开始重新重视和关注，对于仍旧处于品牌困境之中的实体零售业来说，如何走出品牌困境、克服发展障碍，不仅是眼下的当务之急，同时也是建立自身稳固品牌的前提。

8. 服务之困：服务能力弱，难以满足客户需求

消费主力不断变化以及电商对实体店不断冲击，让线下实体经营者胆战心惊。在这种背景之下，实体零售想要崛起，对于消费者的理解，知道客户有什么样的需求，才是经营者持续保持盈利能力的关键。

然而，很多实体经营者却常常忽略了这一点，在客户服务与需求的满足方面常常执行得不尽如人意，服务意识以及服务能力比较薄弱，很难迎合客户的心理需求。具体表现在以下几点：

（1）素质水平不高，专业知识不足

虽然“服务至上”的理念一直被整个社会广泛倡导，但是真正将这种理念和意识付诸实践的人却很少。由于服务态度差而引发的矛盾冲突屡见不鲜。主要原因有两方面：

➢ 很多经营者与员工的素质水平不高，加上匮乏专业知识素养，所以在与客户交流和打交道的过程中，不能有效地为客户提供专业知识分析、很难让客户体验到全面而专业的服务态度，最终导致不能有效满足客户多方面的需求。

➢ 公司内部的文化氛围不高，服务意识淡薄，缺乏热情而高效的服务，对于一些很好的服务举措也不能有效落实，最终营销效果微乎其微。

（2）服务意识淡薄，缺乏服务敏感度

服务意识淡薄，必然会导致实体店经营者缺乏服务敏感度。在经营店铺的过程中，实体经营者除了要建立基本的服务意识，培养和加强自身的服务水平之外，还需要提高自身服务的敏感度，了解客户的潜在情绪。比如，顾客如果表示你多次的服务都没能满足他的要求，这时候你需要提高警觉，努力提高服务质量。但倘若你始终没有服务敏感度，对于顾客的服务效果仍然不理想，那么就可能会造成顾客的强烈不满或投诉，这对于自身发展是极为不利的。

所以，对于实体业经营者而言，在提升服务质量的同时，还需要不断培养自身服务的敏感度，不断提高自身的警觉。保证自身在合适的时机对客户进行合适的提问，了解客户的期望，进而在客户需要的时机，满足客户的需求。

（3）员工缺乏归属感，人员流动性大

很多实体店的员工对公司缺乏归属感，人员流动性大，对于公司内部文化以及服务制度没有予以充分的重视，最终导致实体店人员不断流动，很难形成稳定、专业的服务团队。

就零售企业来说，员工缺乏归属感的原因主要有两种：

- 老员工和新员工在各方面的待遇差别很大。比如，老员工月收入3000元以上，新员工的收入仅仅2000元以上。由于工资福利待遇的差异化，略失公平，导致绝大部分新员工意见很大。
- 领导者对于老员工的信任与重视，恰恰凸显了对新员工的忽视，导致新员工在心理上形成落差，工作以及服务的积极性和主动性降低，因而人员流失率较高。

（4）没有专业的服务体系，工作落实不到位

一些实体零售业由于内部岗位设置不合理，没有专业的服务体系，常常导致部分工作落实不到位。

例如，某零售公司在每次的考核中都表现出在档案上存在问题，但是一直未得到领导者的重视，积压的待处理档案量巨大，是亟待解决的问题。然而公司在档案的岗位设置上只有一人担任档案管理员，同时这位管理员还兼任着公司其他职务，这就导致在档案管理员在执行任务的过程中，不能够专注地做一件事，最终档案归档工作没有落实到位，其他工作也没有做到位，严重影响了整个公司的工作质量。

而在现实生活中，很多实体零售店也存在着类似的窘境：

- 内部工作岗位设置不合理，没有专业的服务团队；
- 对于客户提出的疑问和需求，不能作出快速而有效的处理；
- 公司内部没有提供咨询和管理培训等服务；
- 在售前、售中、售后的全方位服务上，有所缺失。

面对这些服务体系上的缺失，导致实体业在发展的过程中很难形成自身的发展优势，难以发挥优质服务的优势，不能提高自身的知名度和信任度，形成独立的品牌。

总的来说，市场环境不断变化，如今“80后”“90后”作为消费主力，他们的内在需求以及注重体验和精神层面的服务享受已经在潜移默化地影响着整个零售行业的趋势，并且这些消费人群也在重新定义整个社会的消费习惯和服务理念。这些新变化，对于零售业来说既是新的挑战，新的困境，同时也是新的机遇，新的发展前景。所以，建立系统的服务体系、打造专业的服务团队是零售业保持盈利以及快速发展的关键。

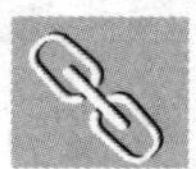

第二章

应时而变：未来的赢家还是实体店

随着线上零售弊端的出现以及发展势头的逐渐低落，实体店在经历了电商冲击之后，不断地寻找自身新的发展优势，谋求新的升级与变革。在这种形势之下，新零售——实体店与电商融合发展的商业模式被搬上台面。随之而来的是更多线上线下相结合的零售模式，相继出现实体店逆袭崛起的案例，一切都在预示着实体店的发展将会迎来新的“春天”。

1. 未来的赢家还是实体店

国际资深潮流预测专家，时尚圣经《VIEW》杂志掌门人大卫·沙(Daivd shah)预测："无论电商势头如何强劲，实体店一定会成为最后的赢家！"他认为，未来的网络销售并不能完全占据商业的市场，未来一定是一个慢慢融合的过程。

2016年，阿里巴巴创始人马云在一次演讲中也指出："纯电商时代很快会结束，未来的十年、二十年，没有电子商务这一说，只有新零售。"此言一出，立刻引发各行业的激烈争论。而近两年来，更是相继出现实体店逆袭崛起的案例。实体店究竟是在做最后的挣扎还是在为成功逆袭埋下伏笔？大家各执一词、争论不止。

这种形势之下，电商开启了反向思维——预期探讨、猜测电商是否会取代实体店，不如亲自去开实体店。例如，阿里投资生鲜类超市——"盒马鲜生"；南京三胞集团旗下3C类门店——"宏图Brookstone"；阿里淘宝旗下——"淘宝便利店"，等等。越来越多的实体店应运而生，并且取得了良好的发展效益，也正是在这种不断的实践和探索中，越来越多的业内人士意识到：在零售业，未来的赢家还是实体店。

那么，实体店究竟具备怎样的发展优势呢？

（1）人是社交型“动物”，满足社交心理

人作为一个社交型、有温度的“动物”，时刻需要传递思想、交流信息，实体店最大的优势就在于能够满足人类的这方面内在需求。而对于电商而言，这一点是无法满足与实现的。

除了人本性需求和内在心理渴望社交之外，如今随着文化和思想的不断融合与发展，社交已经成为一种文化。经济和社会环境使得人们之间的交往和沟通变得更加重要。它不仅能够满足锻炼我们的表达和思考能力，同时也在不断丰富自己、发展自己，扩充自己的知识库和人脉。

（2）升级体验店，成为品牌载体

面对电商的不断冲击，实体店在进行升级和创新的过程中不断寻找自身发展的优势。渐渐地，实体店所展示的体验价值越来越被看重，并且成为品牌突破发展“瓶颈”的有力武器，因此越来越多的实体店升级为体验店，成为品牌灵魂的载体。

例如，在电商不断崛起的时候，欧洲市场受到了实体店销售下滑的影响。当时欧洲实体店对电商的反应是，在店铺里增加一些娱乐体验式的内容，比如，增设咖啡吧、在店铺内挂上名画，或者陈设一些有趣的东西吸引消费者。在位于上海 Burberry 的旗舰店里，就曾挂上莫奈的巨幅名画。

在迪拜市中心的一个大型购物中心，也曾以 8 千米的长度，来模仿三大时尚之都的著名街景，以吸引消费者。

面对电商的冲击，很多实体店如同欧洲实体店铺一样，希望借助体验和娱乐性质的内容来吸引消费者的注意力，以此维持自身长久的发展。事实上，这对于实体店而言的确是一个锦囊妙计，因为消费者的感觉和感受是电商无法做到的，而实体店恰好可以凭借体验和精神层面的内容为客户营造场景，带来真实而丰富的体验感受。

（3）经济需要循环，促进经济再生

在整个市场环境背景下，共赢互惠、共同发展，这种良性的商业生态才是零售业乃至更多行业发展的重要前提。那么如何创造这种和谐、健康的经济形态呢？——促进经济循环再生。而实体店就是促进经济循环的有效策略。

例如，今天你去办了张健身卡，中午健身顾问就在楼下点了一顿高档、丰盛的美食犒劳自己，晚上又带着女朋友去唱吧、影院娱乐，唱吧、影院的老板拥有更多的财富，就会买名贵的汽车，买奢侈品……经济就是这么循环再生的。这对于整个社会的经济循环有着强大的推动和促进作用，最终使得整个经济市场永葆活力，更多的财富不断涌动、不断循环再生。

如今，在偌大的购物商场中，我们随处可见各式各样的娱乐方式，如电影院、儿童娱乐馆、书店、网咖、KTV、按摩等娱乐。这一系列的实体店铺为人们提供了一站式的服务，承载着整个餐厅的集中经营，激发消费者衍生更多的精神需求，产生更多的消费行为。

例如，因为要吃饭去逛商场，吃完饭又顺便去逛超市、服装店、书店，紧接着又去看电影、去KTV唱歌或者是进行按摩等娱乐、消遣活动。最终带动了商场的餐厅、超市、服装店、电影院、KTV、美容院等一系列实体店的消费。

总的来说，在网络生活背景之下，人们的视野和眼界不断扩大，对于产品的质感、品牌的颜值要求，性价比要求会越来越高，而非仅仅停留在贪图便宜、追求廉价。并且随着物质生活的不断丰富，人们对于精神层面的需求越来越大，而实体店所带来的体验感和娱乐性是电商无法替代的，所以在未来，随着实体店的匠心经营以及对消费者内在需求的不断满足，将会形成自身强劲的竞争力，拥有庞大的市场前景。

2. 政策推动实体零售创新转型

2016 年 11 月 11 日，国务院办公厅关于推动实体零售创新转型提出意见，明确指出实体零售是商品流通的重要基础，是引导生产、扩大消费的重要载体，是繁荣市场、保障就业的重要渠道。

近几年来，政府政策陆续出台，不断推动零售改革升级，支撑实体产业崛起，实体店在各路资本的支撑、协助之下日益做大。与此同时，政策也在影响传统零售场所向社交体验、家庭消费、时尚消费、文化消费中心等方向转型。

随着我国实体零售规模持续扩大，业态不断创新，实体零售对国民经济的贡献也不断增强，但同时也存在发展方式粗放、有效供给不足、运行效率不高等突出问题。当前，受经营成本不断提高、消费需求结构变化、线上零售快速发展等因素影响，实体零售的发展面临着前所未有的挑战。为适应经济发展新常态，推动实体零售创新转型，释放发展活力，增强发展动力。

那么，政策具体从哪些方面来推动实体零售转型呢？

（1）树立牢固的发展理念

树立以“创新、协调、绿色、开放、共享”为主的发展理念，加强体制机制改革，以改革构建发展新环境，以信息技术应用激发转型新功能，不断推动实体零售由销售商品向引导生产和创新生活方式转变。最终，由粗放式发展向注重质量效益转变，由分散独立的竞争主体向融合协同新生态转变，进而降低流通成本、提高流通效率，更好地适应经济社会发展的新要求。

（2）坚持三原则

➢ 坚持市场主导。

市场是实体零售转型的决定因素，能够为实体零售营造公平竞争环境，有效激发市场主体活力，推动实体零售企业自主选择转型路径，从而实现战略变革、模式再造以及服务提升。

➢ 坚持需求引领。

需求是实体零售转型的根本出发点，政策通过引导实体零售适应消费需求新变化，帮助实体零售企业弥补短板，增强优势，扩大有效供给，从而增强商品、服务、业态等供给结构对需求变化的适应性和灵活性。

➢ 坚持创新驱动。

创新是实体零售转型的最直接、有效的动力，政策鼓励实体零售敢于抓住大众创业、万众创新机遇，加强网络、大数据等新技术的应用和支持，大力发展新业态、新模式，进一步提高流通效率和服务水平。

（3）调整商业结构

调整商业结构主要包括三方面调整：

➢ 调整业态结构。

不断扩大连锁化、品牌化，推动连锁化、品牌化企业进入便利店和超市，加强与电商、物流、金融、电信、市政等对接，发挥终端网点优势，拓展便民增值服务，打造一刻钟便民生活服务圈。

同时，引导功能重叠、市场饱和度较高的购物商场、百货中心等业态有序退出城市核心商业圈，及时调整经营结构，丰富商业业态，促进传统销售场所向娱乐体验、家庭消费、时尚消费、文化消费中心等方向转变。

➢ 调整区域结构。

区域转移主要是支持商业设施较富余的地区向商业设施较为匮乏的地区转移。例如，从东部地区向中西部地区转移；由一二线城市向三四线城市延伸和下沉；龙头企业向农村延伸服务网络，统筹城乡商业基础设施建设。以此形成区域竞争优势，培育新的增长点，并且实现以城带乡、城乡协同发展。

➢ 调整商品结构。

不断调整和优化商品品类，在兼顾低收入消费群体的同时，适应中高端消费群体需求，增加智能、时尚、健康、绿色商品品种，帮助企业改变千店一面、千店同品现象。同时，健全重要商品溯追体系，引导企业提升商品品质。

（4）创新发展方式

➢ 创新组织形式。

鼓励连锁经营创新发展，改变以门店数量扩张为主的粗放发展方式，利用数据网络技术科学选址、智能选品、精准营销、协同管理，提高发展质量。

➢ 创新经营机制。

鼓励企业加快商业模式创新，强化市场需求研究，改变引厂进店、出租柜台等传统经营模式，加强产品设计创意和开发，强化企业核心竞争力。

➢ 创新服务体验。

引导企业发展个性化、多样化、品质化消费趋势，弘扬诚信服务，推广精细服务，提高服务技能，延伸服务链条，规范服务流程。

（5）促进跨界融合

➢ 促进线上线下融合。

鼓励线上线下优势企业通过战略合作、交叉持股、并购重组等多种形式整合市场资源。引导实体零售企业逐步提高信息化水平，将线下物流、服务、体验等优势与线上商流、信息流融合，拓展全渠道布局。

➢ 促进多领域协同。

鼓励发展设施高效智能、功能便利完备、信息互联互通的智慧商圈，促进业态功能互补、客户资源共享、大中小企业协同发展。同时，鼓励零售企业与创意产业、文化艺术产业、会展业、旅游业融合发展，实现跨行业联动。

➢ 促进内外贸一体化。

通过引入资本、技术、管理推动实体零售企业创新转型，进一步提高零售领域利用外资的质量和水平。鼓励内贸市场培育外贸功能，鼓励有技术、品牌、质量、服务优势的外向型企业建立国内营销渠道，构建海外营销和物流服务网络，提升国际化经营能力。

（6）强化政策支持

➢ 加强财政金融支持。

发挥财政资金引导带动作用，对实体零售创新转型予以支持。用好发展基金，鼓励有条件的地方按市场化原则设立投资基金，引导社会资本加大对新技术、新业态、新模式的投入。积极稳妥扩大消费信贷，将消费金融公司试点推广至全国。同时，通过创业担保贷款积极扶持符合条件的小微企业，不断改进和完善小微企业金融服务。

➢ 减轻税费负担。

落实好总分支机构汇总缴纳企业所得税、增值税相关规定。营造线上线下企业公平竞争的税收环境。零售企业设立的科技型子公司从事互联网等信息技术研发，符合条件的可按规定申请高新技术企业认定，符合条件的研发费用可按规定加计扣除。同时，降低部分消费品进口关税，取消税务发票工本费政策，不强制零售企业使用冠名发票、卷式发票，大力推广电子发票。

除此之外，政策也在发挥着优化发展环境的作用，通过不断加强网点规划、推进简政放权，完善公共服务设施，为实体零售营造了更好的发展环境，促进着市场之间的公平竞争。

总的来说，在政府政策的支持下，平台已经为广大实体零售业搭好，不断完善的发展环境更是推动着实体零售朝着新的方向发展，借助政策的“东风”，实现创新和转型已经是当下的大势所趋，是实体零售实现逆转的新机遇。

3. “创业潮”支撑实体店崛起

电商看似来势汹汹，疯狂地冲击着实体零售业的发展，但在如今这个充满变数的时代，大萧条的背后，仍然潜伏着无数商机，各种逆转随时都会发生。实体零售在萧条、暗淡之下，早已暗流涌动，发生了悄然的变化……

据统计，2015年中国平均每天新登记注册的企业达到1.16万户，平均每分钟诞生8家公司；2016年平均每天新登记的企业数是1.51万家，量的增幅非常大。截至2016年年底，全国实有企业数2596万家，所有市场主体8705万家。其中很大一部分创业者选择了从经营实体店起步，2017年，根据当前的大势所趋，创业浪潮依旧持续。

自2014年商事制度实行改革，大大释放了改革的红利，同时也激发了大众创业、万众创新的活力。在政府“双创”政策以及时代趋势的共同推动下，创业浪潮不断掀起。

那么，究竟是哪些因素引发了这场实体创业潮呢？

（1）政策方面

➤ 政府意识到电商对实体经济崛起的打击。

伴随着电商平台低价竞争的加剧，尤其是在节日前后、“双十一”等特殊的购物节日中，恶性竞争导致中国零售走向低利润时代，并且逐步在毁灭消费体验、逛商场本身所带来的额外消费，颠覆着传统的商业发展圈。这种形势下，政府开始采取政策干预，通过限制代购、调低进口税、加强法律制裁偷税、漏税行为、放开进口政策等一系列的政策调整来调控和改善整个市场环境，促进公平竞争。

➢ 政府政策鼓励。

2014 年，商事制度实行改革，不仅激发了大众创业的热情，也推动了大众创业的浪潮。如今，实体开店的流程及政府审批也在简化，“营改增”助力商家减负，有粉丝、有影响力的实体店品牌更容易获得各路资本支撑，协助做大。这些政策上的鼓励和支持都在不断壮大和支撑着实体店的崛起。

（2）消费者结构需求方面

➢ 新的消费主力开启，实体店新机遇来临。

随着时代的发展变化，以“90 后”“00 后”为主的消费大时代即将开启，实体店将迎来新的发展机遇。由于物质水平的丰裕，中国年轻一代的消费主力对于金钱的概念偏弱，他们热衷于超前消费，对于新事物的接受能力较强。在衣、食、住、行的消费层面，追求品牌个性化、注重特色和体验，偏向快时尚消费，同时乐于接受新型娱乐方式。

他们这些较为突出消费的喜好及习惯与传统的消费理念存在较大的悬殊，这也正是当下实体店逆袭崛起的最好时机。

➢ 外卖模式让实体店大增收。

“饿了么”“美团”“百度”等诸多外卖配送平台，正在帮助实体商家史无前例地增收，这种外卖模式让店铺辐射范围大大扩大，业务量大增，甚至单店几倍增长。

无论是路边小店，还是商场大牌，都站在同一起跑线，点击量就是口碑值。令人难以置信的是，有的实体商家 70% 的利润来自移动外卖订单，与此同时，外卖团队也不断壮大，可想而知，实体商家的发展利润也是与时剧增。

➢ 新中产时代，文化、创新、体验和情怀与价格同样重要。

在电商与实体店的大战中，价格低一直是电商逆袭实体店的核心。然而，如今中产家庭越来越多，互联网链接全球，消费者早已悄然发生了变化。他们不再单纯地追求商品的价格，而是更多地关注心理层面和精神层面的体验和享受。例如，近两年来，商业地产中热门的太古里、新光天地、诚品及大悦城系列，凭借自身“人文、创新、体验及情怀”为主的商业体验，吸引了大量的消费者。

（3）商业形态方面

➢ 线上线下洗牌接近尾声。

如今中国长达六年的实体店洗牌正在接近尾声，关店的高潮期已过，中国百货已经逆袭聚齐，眼下正是实体店逆袭的重要转折点。

➢ 商场爆发式增长，实体店逆袭指日可待。

例如，万达短短一年内就开业了 26 家店，2017 年已经暴增至 55 家，更是深入三四线城市。譬如上海，2015 年开业近 30 个商场，而 2017 年预计开业的量达到了 88 家。这正是商业地产全面爆发增长的时代，商家的选择余地就多，租金成本也有更多的运作空间，一切都在为实体店打造最好的发展时机。

➢ 线下实体商铺的价值逐步得到本土商家重视。

实体店所展示的场景体验、精神娱乐、社交沟通等方面的价值越来越被本土商家看重，并且已经成为品牌突破发展“瓶颈”的有力武器。

➢ 主流电商大力发展实体店。

淘宝、京东、亚马逊等都制定了线上积累完口碑及原始积累后在线下铺开实体体验店发展大战略。

➢ 国际品牌进入中国实体商业。

例如，A&F、SPAO、Forever21、TOPSHOP、Old Navy 等以及全球诸多粉丝的 Bebe、&Other Stories、Urban Outfitters、Victoria's Secrect Pink、Miss Selfridge 正打算或已经进入国内实体店商业，这给我国实体商业的发展提供了充分的品牌支持，注入了更多的发展活力。

➢ 诸多公众人物席卷实体行业。

如今越来越多的明星纷纷进入实体经济，例如，孟非的重庆小面、韩寒的“很高兴遇见你”餐厅、任泉开的“四川香天下火锅”、Angelabably 开的 baby cafe 咖啡店、舒淇开的 KIKI 餐厅、高圆圆开的蜜桃餐厅、薛之谦开的上上谦串串香、周杰伦的法式日式西北风等餐厅、陈冠希开的潮牌 JUICE、五月天开的 STAYREAL、周杰伦开的 PHANTACI、罗志祥开的 STAGE、林俊杰开的 SMG、李晨及潘玮柏开的 NPC、张震岳开的 WNP……

这些年明星开的实体店正在崛起商业地产界，上百位明星创业投资的店铺正在大陆强势崛起，成为商场重要聚客利器，颠覆着传统实体店的发展。

总而言之，在如今移动互联网时代，商业领域的发展充满变数，但同时也隐藏着更多的商机。在 PC 时代，淘宝革了百货的命，京东革了电器卖场的命，天猫超市革了卖场的命……如今，风水轮流转，他们又沦为了传统企业，随着消费主力和时代发展的变化，大众创业、创新转型等案例不胜枚举，新的发展机遇已经来临，眼下正是实体店逆袭崛起的最好时机。

4. 实体店崛起的六个标签

在移动互联的时代，随着网络的应用普及，信息的高度透明化，对于消费者的消费喜好和追求，都体现在实打实的点击率上。在这种环境背景下，实体店更加专注于消费者的需求，并且致力于打造符合消费者全方位需求的产品。经过不断地摸索，最终实体店将转型方向定位于工匠精神、趣味或情怀的场景体验，满足大众需求的快时尚以及细节品质服务等。

这些新的发展元素已经出现成效，并且被越来越多的企业运用到实体店的开发体系中成为实体店逆袭崛起的标签。

（1）工匠精神

2016年《政府工作报告》提出，鼓励企业开展个性化定制、柔性化生产，培育精益求精的“工匠精神”。自此，实体店铺管理中，“工匠精神”这一说法流传开来。

那么，“工匠精神”包含怎样的商业内涵呢？“工匠精神”本意是指手艺人对产品精雕细琢、追求极致的理念，即对生产的每道工序，对产品的每个细节都精益求精，力求完美。

在实体店快速发展的背景下，“工匠精神”主要体现在三个方面：

➢ 苛求细节，精益求精；

➢ 不断迭代，勇于创新；

➢ 行业定制，因需而变。

通过完善产品的每一个细节，做到个性化定制，真正将质量意识、品牌意识贯穿于生产流通消费的全过程，将“工匠精神”烙印在产品的每一个细节。

例如，优帝思（ ）轴承作为优秀的轴承品牌正是延续了“匠人精神”的商业内涵，集欧盟的严谨、日本的精细、中国的聪慧于一体。产品服务领域涵盖电机、机床、矿山、冶金、造纸、风电、铁路、纺织、化工、工程机械、汽车、钢铁、建筑机械等行业。企业拥有全面的质量检测手段、检测仪器与检测标准，确保每一套轴承产品的高品质。

除此之外，万有轴承连锁经营的优德（QSOC）轴承还致力于打造“个性化定制”，解决地域不同而产生的特殊需求，提供个性化的产品。同时，拥有一流的产品和专业的销售技术团队，为客户提供最好的产品、完美的技术支持、健全的售后服务，从而满足消费者的全方位需求。

万有轴承连锁致力于完善产品的每一个细节、尽最大的努力来满足客户个性化的需求，在产品服务的领域更是处处体现着“匠人精神”。坚持做强实业、做优产品、做大品牌，成为同行的标杆。

如今，不仅是在商业领域，整个社会都在倡导“工匠精神”，而产品质量的提升、创新驱动、品牌建设，也正是牵住了实体经济发展的“牛鼻子”。

（2）场景化

实体店场景化是吸引客流回归的有效营销策略，越来越多的实体商家领悟道：实体商业的出路在“实体店 +”，而未必在“互联网 +”。

英国百年老店Hamleys最近就带来实体店场景化营销的“新玩法”。Hamleys南京店是英国百年玩具店Hamleys全球单体面积最大的场景式玩具中心。顾客来到Hamleys，购买的不是一种玩具，而是一种体验。

Hamleys与传统玩具店带给人的体验感受截然不同，它的玩具商品会按照不同的场景进行陈列，玩具货架旁搭建玩具展示台和游戏台，每一款玩具都尽可能动态化展示，犹如一个小型的迪斯尼乐园。顾客不只可以买买买，更可以免费试玩和体验。例如，射击、遥控车、AR体验等20多个娱乐项目。

可见“场景化”体验正在颠覆传统卖场，在互联网经济的冲击下，实体店正在面临从“互联网+”到“实体店+”的转型。同时，与线上消费相比，场景化营销正成为实体商业的最大优势。并且，在未来几年里，增加实体商业体验消费的比例，降低零售品类的占比，成为实体商业的一大发展趋势。因此，致力于消费体验的场景化营销，正成为实体店吸引客流回归的新路子。

（3）快时尚

深圳市零售商业行业协会联合北京益派市场咨询有限公司、中国品牌发展公益基金发布《快时尚女装品牌形象调研项目报告》指出：35岁以下年轻人成为消费主力军，77%的消费者偏好在商场的专卖店购买快时尚品牌女装。快时尚消费者七成青睐实体店，年轻人为消费主力军。

与传统服装品牌相比，快时尚品牌具有更新速度快、频率高，追随潮流的特点。快时尚品牌以其低廉的价格、多样的款式以及快速的上新品速度见长。在每年的年中大促销时，女装价格普遍低于百元，引来了血拼族的抢购潮。

如今，“80后”“90后”“00后”成为市场上的主要消费群体，而这部分消费群体对快时尚女装的关注度最高，发展快时尚无疑是市场的大势所趋。

（4）情怀

在现实生活中，我们可以看到越来越多的产品被注入温度和情怀，很多实体商家卖的不再是冷冰冰的商品，而是情怀和人文。实体商家在消费者和店铺之间搭建起由商品、服务、互动、情感共鸣共同组成的桥梁。

美国深受消费者欢迎的乔氏超市就是典型的例子。乔氏超市店门挂着一块石头，旁边的提示板上写道：如果石头是湿的说明天在下雨，如果是干的就是没有雨；地上有石头的影子说明是晴天，否则是阴天；石头左右摇晃说明是大风天气……

“天气预报”的提示，体现的就是经营者的情怀，这种俏皮的、充满温暖的标语在告诉消费者，这不仅是一家贩卖商品的店铺，更是具有人格化的一种存在，这样的被注入生命力的实体店，正是当下消费者所需要的。

（5）细节

实体店的生存之道在于细节，从门店到员工，从商品到管理，从市场到客诉，涉及方方面面，细节之处时刻体现着一个店铺的品牌和文化，亦反映出零售业的精益思想。

例如，大部分商场从上午10点或11点开始营业，闭店时间为晚上8至10点。但人们会选择在开门之前进店，为了不让顾客久等；商场内还会提供一些免费活动，如利用积分卡、代金券换免费午餐、免费试吃和体验等。除此之外，很多商场还会提供免费的行李寄存服务，服务员会亲自帮你把行李拿到专门的寄存处，让客人可以安心购物。在购物结束后，如果不想拎着大包小包回家，可以委托商场打包送货上门。

这一系列的细节服务不仅为顾客提供了便利，同时也让客户得到了商品之外的服务享受、免费体验等享受，形成强大的吸引力，从而为实体店带来稳定的客户源。

（6）服务

事实上，服务和细节两者息息相关，服务是琐碎隐于细节的，需要填充真实的内容。从细节入手，看看顾客喜欢什么样的服务，什么样的服务才是好服务。

例如，真诚的态度、发自内心的微笑；具备专业知识，为顾客选购提供建议；用最完美的方式回答顾客的问询；真诚地承认错误，并及时弥补；要始终如一对待顾客，不管顾客买不买商品，都要为顾客提供一以贯之的服务。

这种线上零售所不具备的服务优势，是线下实体店的完美标签，并且很多实体店将自身的服务体系更是做到了精致，以此建立稳定的客户关系，形成自身的品牌标志。

总的来说，随着实体店发展的不断成熟，工匠精神、场景化、快时尚、情怀、细节、服务越来越成为实体店崛起的标签，同时，这也是区分线上线下零售发展的重要标识，是实体业发展的强劲动力，在未来，将会有更多诸如此类元素的实体零售店不断崛起，引导更多的消费人群。

5. 电商纷纷开线下实体店

2015 年 11 月，亚马逊在西雅图地区开设了第一家实体书店。书店里有 5000 种书籍，都是根据网站上的消费数据挑选出来的，亚马逊预计未来它将在美国开设 300~400 家实体书店。不到一个月，中国当当网高调宣布未来要开 1000 家书店，并且第一家已于 2016 年 4 月在长沙开业。

2016 年年底，淘宝在广州开设首家淘宝体验厅，淘宝会员可以在这里休息、用餐、体验淘宝产品，免费提供 Wi-fi。阿里巴巴还计划全线渠道下沉，不仅与苏宁联合，还计划让实体店遍地开花。

2017 年 4 月 10 日，京东 CEO 刘强东宣布 5 年内将在全国开设超过 100 万家京东便利店，其中有一半在农村。除此之外，小米、天猫、当当、银泰西选、YOHO 等电商品牌均在市场中低调布置了线下业务。

电商巨头纷纷开实体店，为何打自己脸？实体店“回潮”的具体原因有哪些？

（1）客户注重体验，实体店优势凸显

线上产品同质化、网上购物假货横流，电商的弊端日益显现。与此同时，年轻一代新的消费主力出现，消费需求不断升级，顾客越来越注重产品的品质和购物体验。逛街对于人们而言不再是单纯地购物，更多的是享受购物这一过程，享受这种体验。

而实体店之于电商最大的优势就在于“用户真实触感”，通过门店员工、陈设、试用和氛围营造等手段，能够为客户打造良好的体验。此外，通过对老客户回访，更容易建立联系，有较高的用户黏度。因此，在线下开实体店，加强顾客的购物体验，不失为一种为线上引流的好方法。

（2）潜在市场庞大，小城市及农村尚待开发

在过去两年里，一二线实体店倒闭无数的原因除了电商的猛烈冲击之外，还有一个重要的原因——市场逐渐饱和。在这种饱和的背后，出现多业态的竞争，单一的实体店无以为继，只好关闭门店。

同时，这也说明在三四线城市和农村市场巨大，即使在网络发达的今天仍有许多物流空白的地方，是一片有待开发的蓝海。所以说，京东和苏宁要扎根农村也是不无道理的。

2017年，全国首家大家电“京东帮服务店”在农村正式开业。由于很多农村消费者对网购不太熟悉，对商品和售后服务政策不了解，存在诸多疑虑。所以，京东依托厂家授增长权的安装网络及社会化维修站资源的本地化优势，“京东帮服务店”通过口碑传播、品牌宣传、会员发展、乡村推广、代客下单等形式，为消费者提供配送、安装、维修、保养、置换等全套家电一站式服务解决方案。并且在未来3年，“京东帮服务店”将在全国区县铺开，达到千余家。

京东商城则把线下实体店开到了农村，打通农村电商“最后一公里”，让农民与电商实现“亲密接触”，在实现了线上与线下相互融合的同时，也打开了农村的潜在市场。

实际上，在刘强东宣布开设实体店前，京东就已经开了综合服务中心和智能娱乐体验馆“JDSPACE”，还牵手永辉，也就是说，京东转战实体店早有预兆，对线下市场早已“垂涎已久”。

（3）转化率下降，迫使电商寻求新的增长点

根据数据显示，我国电商行业的实际转化率一直徘徊在7%左右，这意味着互联网创业的融资难度加大，如果一味烧钱，电商资金链将会断裂。另外，一些行业开始进入“资本寒冬”，低薄的利润已经无法支撑自身的发展，迫使电商不得不寻找新的增长点，这也是很多电商品牌纷纷倒戈向线下扩张的一个重要原因。

在2015年，互联网服务企业乃至整个众筹行业都迎来了蓬勃的发展，与此同时，实体店的众筹模式也在悄然搭建。正是这些实体店铺与众筹行业的兴起，让电商的发展转型看到了新的希望。首次提出实体店铺众筹的平台人人投创始人郑林曾表示，阿里巴巴是帮助年轻人创业，而人人投则是在帮助创业者发展。可见，想要真正发挥线上平台的价值和作用，还需要线下实体店助力、支撑，才能共同推动社会的发展。

总的来说，如此多的互联网品牌新设线下实体店铺，这种零售模式回归的背后，不仅仅是线下实体的优势以及线上网购的弊端渐显，更是整个社会需求乃至商业业态的大势所趋。在未来，大众消费是离不开实体店铺的，尤其是有较高体验度的吃喝玩乐实体企业将会越来越多，这也是未来大众的消费观念。

6. 新零售：实体店与电商融合发展

2016年10月13日，在杭州云栖大会上，马云指出："纯电商时代已经过去，未来十年、二十年没有电子商务这一说，只有新零售这一说，也就是说，线上线下和物流必须结合在一起，才能诞生真正的新零售。""未来，线下与线上零售将深度结合，再加现代物流，服务商利用大数据、云计算等创新技术，构成未来新零售的概念。"这一番"新零售"演讲引发了全场的轰动。

随后，在第四届世界互联网大会上，小米公司创始人、董事长兼CEO雷军在接受央视财经记者的采访时表示，他比马云还先提出新零售的概念，只是阿里的声量大，将他的声音盖过去了。但庆幸的是，他们都不约而同地看到了新的发展机会。

国美在线CEO李俊涛也指出：线上线下融合的全零售是当下最佳的商业模式，也将成为未来零售业的主流模式。

新零售的概念迅速在零售界火热起来，并且随着诸多电商大佬的实践检验，越来越多线上线下相结合的成功案例不断搬上台面，例如，如今小米也是电商和AI公司，雷军表示融合本身就是创新。现阶段，"新零售"已成为零售业界公认的必然趋势。

那么，新零售究竟是怎样的，如何理解新零售？

（1）回归零售的本质

"新零售的本质就是三个词：效率、体验、升级。效率指的是把产品的内容更好地推向消费者；体验是改变过往层面式的销售方式，把消费者带入场景或者是产品本身进行深度沉浸式的体验；最后是消费升级，不管是'70后''80后'还是'90后'，大家缺的是体验，缺的是新功能的附加。"

随着新零售的提出，线上和线下的边界越来越模糊，就整个零售业来说，竞争不再来源于线上和线下的模式，而要回归零售的本质：怎样更高效更优质地服务消费者。简言之，为消费者创造价值。

很多人可能认为新零售的提出，只是电商与实体店之间的"握手言和"，关系转化。虽然从表面上来看，电商与实体店的确是由竞争对手的角色转入到朋友的角色，但从实质上来看，将电子商务与实体零售二元对立本身就是一个错误，因为对于消费者而言，他们关心的是能否方便地买到质优价廉的产品，至于这个产品是从电商渠道购买的，还是从实体渠道购买的，并不是他关心的重点，这些只是手段而非目的。

同时，随着电子商务的不断成熟发展，以及实体零售对自身优势的放大与发展，电商与实体零售并非相互排斥，谁要替代谁，而是相互吸引，相互融合，共同为消费者创造价值。

因此，对于零售企业来说，新零售意味着企业需要利用不同渠道的优势去做服务组合，比如，电商渠道的优势在于营销效率，而实体渠道的优势在于客户体验，将两者有效融合在一起，能够为消费者提供一个整合性的用户体验。

（2）新零售的特征

➢ 第一个特征：数字化&智能化。

从定义来看，新零售就是企业以互联网为依托，通过运用大数据、人工智能等先进技术手段，对商品的生产、流通与销售过程进行升级改造，进而重塑业态结构与生态圈，并对线上服务、线下体验以及现代物流进行深度融合的零售新模式。企业与商家通过技术与硬件重构零售卖场空间，进行门店数字化与智能化改造终端。一方面，依托IT技术，顾客、商品、营销、交易四个环节完成运营数字化；另一方面，店铺以物联网进行智能化，应用智能货架与智能硬件延展店铺时空，例如，POS、触屏、3D试衣镜等，从而构建出丰富多样的全新零售场景。

➢ 第二个特征：全渠道。

全渠道可谓是新零售的首要特征，不过，全渠道并非仅仅指线上、线下渠道相互融合，简单来说，新零售并不等于O2O。真正的新零售应是PC网店、移动APP、微信商城、直营门店、加盟门店等多种线上线下渠道组成，全面打通、深度融合商品、库存、会员、服务等环节贯穿为一个整体。

➢ 第三个特征：新型店铺。

“新零售”时代下的门店与传统的门店是截然不同的，传统门店强调的主要是售卖功能，而新零售时代下的门店，除了具有售卖功能之外，更富有体验的功能，门店不仅仅是商品的陈列，更多的是商品多元化、场景化的展示，同时还有可能延伸出更多的社交、教育、娱乐场所。

（3）实体店与电商的融合发展

不管是电子商务还是线下实体店，其终极目的都是给客户创造价值、满足客户的需求，所以说，一切的经营和发展模式都需要围绕这一终极目标而展开。在充分发挥自身优势的同时，也需要借助对方的优势，相互融合，共同构建一个丰富的零售网络，就像苹果和优衣库所做的那样。

同时，这也意味着实体与电商的关系，将不再是一种相互替代、相互对立的关系，而是一种相互融合、相互发展的共赢关系。这才是所谓的“新零售”。

总而言之，电商和传统零售相互吸引、相互融合已经成为一种新的发展趋势，并且在未来以“新零售”为主的商业形式将会越来越多，如理发店可能会与餐厅融合、自行车店可能变成咖啡店、手机店与咖啡店相结合。这些吃饭、休闲、娱乐场所相互结合，折叠式的商店，共同为客户打造一个丰富多样的全新零售场景。

需要注意的是，新零售并不是简单的电商渠道和实体零售的叠加，而是利用多种渠道把客户体验和运营效率做到极致，并重新塑造零售业的商业模式。

7. 实体店将成为新零售的核心载体

追溯整个零售行业的发展史，曾经风靡一时的电商，其营销和渠道的红利正在慢慢消失，而那些充分利用线下渠道的品牌逆势崛起，OPPO、VIVO 以及华为都依靠代理商渠道夺回失地。

面对零售行业这一此消彼长的关系，新零售的出现，无疑是结束这一关系的有效战略。

最近两年国内较火的“名创优品”就是一个典型的“新零售”的概念。在不到 3 年时间，这个品牌在全球 15 个国家开了 1500 家店，并计划未来 3 年在全球 100 多个国家开 7000 家店。这种扩张速度非常惊人，并引来了大量的模仿者。

还有更多的电商巨头纷纷走上了新零售的实验之路。例如，小米之家，创造高频消费场景。在 2016 年，小米之家开了 51 家店，几乎是每个 shopping mall 里人流量最大，销售额最高的单店。除此之外，还有海澜之家的轻资产重经营。

致力于打造类似于优衣库和 GAP 的全民阶层可以穿的国民男装品

牌——海澜之家市值450多亿元，是美特斯邦威的4.5倍，2016年实现收入169.99亿元，同期增长7.39%，净利润31.22亿元，同期增长5.74%。

当然，新零售的快速发展离不开优质的培育土壤，而实体店注定是线上、线下相融合之下最好的落脚点，并且在未来将会成为新零售的核心载体。主要原因分为以下几点：

（1）品牌灵魂的载体

实体店基于核心竞争力，发展更多的体验店，成为品牌灵魂的载体。越来越多的实体商家意识到，体验店已经成为线下发展的巨大优势，并且这种通过塑造消费者感觉和感受的优势，是电商无法做到的。

尤其是购物选择的环节上，即使面对再优质的产品，也比不上亲自体验、亲身感官来得实在，更不能代替和朋友、家人等上街找、品、鉴、试、比商品实物的乐趣。对于消费者而言，能够带给他们惬意的精神享受和深刻感受的产品就是好产品，而这些好产品的包装与塑造就是借助实体店的场景布置、文化氛围、商品陈列等方式展现出来的。

在伦敦的一家百货店里，策划过一个特别的促销活动，在活动中，把所有衣服的商标全部拆掉，商店里一点生意都没有，这个活动的主题就叫“沉默”，所有来到店里的人都懒懒散散地或躺或靠在沙发上，给大家营造一种很特别的体验。

从这些现象来看，实体店正在成为一个品牌的灵魂载体，寄托着消费者精神上的某种诉求和心理需要，同时深刻影响着实体店以及整个品牌的发展。

从当前的发展趋势来看，中国的消费趋势将继续延伸、优化这种体验优势，比如咖啡店、茶馆这种零售的模式，可以嗅到香气、可以品尝、可以触摸……用无法被替代的感官体验来凝聚消费者的吸引力，塑造独立的品牌。相信在未来，会有越来越多的商家把真正核心的技术放在实体店里，通过服务满足顾客感官上的需求，娱乐、便捷的购物体验来提升服务，扩大品牌的影响力。

（2）商业发展的支撑平台

2016年，苏宁集团宣布在农村建立的2000多家苏宁易购直营店基础上，将陆续再建1000家农村直营店，同时还将在一二线城市建立100家苏宁实体店；与此同时，一直被认为只重视线上渠道的小米，更是把线下作为再次发展的重点。小米董事长雷军披露，三年内要在全国建立1000家小米之家，改变小米过去给外界的纯线上商业模式形象。

这些商业模式的转变，无一不在向人们传递一个重要信息：在新零售时代下，实体店将成为企业发展的一个重要的平台。

除此之外，实体店有利于增强用户体验和黏度，能够为企业带来庞大的、低成本客流量。例如，天猫在京东开出了自己的旗舰店，其背后无非是流量贩卖的逻辑；又如服饰、日用品，虽然网购已经成为人们的生活习惯，但从消费数据来看，服饰、日用品，线下实体店仍然占据着零售业的半壁江山，成为企业赢得利润和用户资源的重要源头。

（3）O2O战略Offline落地

O2O战略中的Offline落地是大势所趋，起初，所有的口号都在大喊O2O，但是O2O仍然只能解决消费者对部分商品的需求。不管是以天猫、京东为代表的综合性电商平台，还是苏宁、唯品会这类垂直电商以及美团、蘑菇街这样的导购型电商网站，都只是在一定程度上满足了消费者对部分商品的需求，无法解决全品类生活必需品的问题。

与此同时，“80后”“90后”新生代消费者已成为社会的中坚消费力量，在消费时更加趋于理性决策和消费体验。这种形势之下，生活必需商品品类不全与购买体验不足，必然导致消费者回归线下。而在线上的电商企业，想要更好地生存下去，必须像实体经济一样从线上走向线下，布局在线下的实体店面，让消费者能够真正地完成消费体验。

总的来说，伴随着实体零售的“回潮”以及新零售的出现，实体店让我们看到了零售业的新机遇，新的发展趋势。无论是线上还是线下的商家，只有懂得抓住趋势，才能成为风口的领导者。在电商巨头纷纷从线上转向线下的做法中，我们看到了应时而变的力量，而这种力量正是这个时代所需要的，也正是眼下零售业想要长存市场所应具备的。

第三章

连锁联盟：实体店逆势崛起之道

随着“关店潮”的出现以及各类有关实体店衰落的消息频频爆出，人们越发感受到实体零售的生存岌岌可危。与此同时，随着赢家通吃时代的来临，尤其是单店经营，面对激烈的竞争压力，已经无法支撑自身更加长远地走下去。

对于实体店而言，强强联合、连锁联盟这种抱团取暖的经营模式才是越做越强的有效途径。并且在未来，连锁联盟，强强联合也将成为一种发展趋势，重新构建起新的商业模式。

1. 马太效应：赢家通吃时代来临

互联网时代下，零售行业两极分化，行业洗牌的力度日益加剧。一些龙头企业日益壮大，零售行业的集中度正在不断上升，诞生了越来越多的赢家通吃公司，如亚马逊、京东、天猫，这样的零售巨头在市场的占有率越来越高。与之相反的是，另外一些零售企业，在竞争如此激烈的零售业里却更加艰难地生存着、挣扎着。

一切都在说明赢家通吃时代正在来临。根据美国科学史研究者罗伯特·莫顿（Robert K. Merton）的观点，这种赢家通吃的社会现象被称为“马太效应”。它在具体的商业领域时有体现，并且对整个企业的发展以及个人成功起着重要的影响作用。

马太效应（Matthew Effect），是指强者越强、弱者越弱的一种社会经济现象，即两极分化的现象。它来自于圣经《新约·马太福音》中的一则寓言：“凡有的，还要加倍给他叫他多余；没有的，连他所有的也要夺过来。”

1968 年，美国科学史研究者罗伯特·莫顿提出“马太效应”，用以概括一种社会心理现象：“相对于那些不知名的研究者，声名显赫的科学家通常得到更多的声望即使他们的成就是相似的。同样地，在同一个项目上，声誉通常给予那些已经出名的研究者。例如，一个奖项几乎总是授予最资深的研究者，即使所有工作都是一个研究生完成的。”之后，“马太效应”为经济学界所借用，反映贫者越贫，富者越富，赢家通吃的经济学中收入分配不公的现象。

从商业领域的角度来看，马太效应是指某个行业或产业的产品或服务，品牌知名度越大，品牌的价值越高，其忠实的消费者就越多，其占有的市场份额势必就越大。反之，某个行业或产业的产品或服务，品牌知名度越小，品牌的价值越低，其忠实的消费者也就越少，占有的市场份额势必也会越小，进而导致利润减少，被市场淘汰，其让位的市场将会被品牌知名度高的产品或服务代替。

对于零售业的经营发展而言，马太效应告诉我们，想要在某一个领域保持优势，就必须在此领域不断扩大、迅速做大。一旦你成为某个领域的“领头羊”，即使投资回报率相同，也能够更轻易地获得比弱小的同行更大的收益。相应地，若没有实力迅速在某个领域做大，就要不停地寻找新的发展领域，这样才能保证获得较好的回报。

星巴克品牌资本的马太效应可谓是创造了成功的奇迹。市场上的咖啡品牌竞争形势比较严峻，但是星巴克仍旧凭借自身的实力在众多品牌中脱颖而出。过去十年间，它的股价在经历了四次分拆之后又攀升了22倍，收益趋势不断增高甚至超过了通用电气、可口可乐、百事可乐、微软以及IBM等大公司。在整个华尔街，星巴克早已成为投资者心目中的安全港，成为众多投资方的最佳选择。

星巴克作为众多咖啡品牌中的“领头羊”，吸引着越来越多的投资者，以强大的品牌实力和迅速的扩张速度，引导着整个咖啡市场的风向。究竟是什么缔造了星巴克的奇迹呢？星巴克董事长舒尔茨回答道：“我们的最大优势就是与合作者们相互信任，关键问题在于我们如何在高速发展中，保持企业价值观和指导原则的一致性。”实际上，星巴克的优势远不止这些，其强大的品牌价值，才是星巴克成为咖啡业翘楚的主要原因。

从某种程度上来说，最高形态的资本就是企业品牌的价值。对于企业而言，企业的某一品牌形象一经确立，其产品的价值和知名度也就随之飙升。那么独具吸引力的、被公认为高质量的品牌，将会在整个市场中占据着极为有利的竞争地位。例如，LV、可口可乐、麦当劳、万宝路等。在日常购物中，消费者在面临商品选择的时候，也会习惯性地把目光集中在具有一定知名度的品牌产品上，其次才会考虑其他产品，这就是品牌的“马太效应”。

马太效应揭示了一个不断增长个人和企业资源的需求原理，关系到个人的成功和生活幸福，它是影响企业发展和个人成功的一个重要法则。对于企业而言，互联网时代的品牌所发挥的价值早已不同往日，企业只有让自己的产品在市场之中树立一个明确的、有别于竞争对手的、符合消费者心理需求的形象，才能在市场中占据一个有利的位置。

总而言之，在赢家通吃的时代，在品牌资本领域内普遍存在的市场现象就是：强者恒强，弱者恒弱。懂得巧妙利用马太效应，才能够获得更多、更好的回报和机遇，进而才能保证成为最后的赢家。

2. 强强联合：要么连锁联盟，要么关停锁门

德勤全球发布的《2017全球零售力量》报告显示：伴随电商的迅猛发展，中国实体零售商销售额从2014年起便出现大幅下滑，关店潮席卷各地。尤其是百货和鞋类商品，在2001至2013年间下跌35%。与此同时，美国传统实体零售商过去4年中已裁员20万人，甚至连西尔斯百货、梅西百货这些零售巨头公司也不时传来关店消息。数据表明，在2017年第一季度，美国实体零售已经有近2100家门店关门、9家零售商申请破产保护，已经超过了经济大萧条时期的高位。据悉，亚马逊市值已超过美国前八大传统实体零售商的市值总和。

不可否认，绝大多数传统实体零售业已经陷入一个“四面楚歌”的境地。“零售寒冬”“关店潮”等关键词时不时抢占媒体头条，传统实体零售的没落的新闻消息扑面而来，“关店潮”已经被人们解读为实体走向衰落的象征。

随着“关店潮”的出现以及各类有关实体店衰落的消息频频爆出，人们越发感受到实体零售的生存岌岌可危。关店真的那么可怕吗？我们不妨仔细分析一下关店和原因和目的。

很多人可能认为实体关店的主要原因都是无法经营下去。事实上，实体店关店的原因分为两种：

- 一种是因为经营之路走到尽头，经营失败所导致的关店锁门；
- 另一种则是为了重新整顿、更好地开店。

也就是说，除了经营失败的客观因素外，不少零售企业的关店是为了通过开店来尝试新的零售模式，以此来完成新市场形态下的战略调整。并且，从整体来看，大多零售企业的店面总数并没有出现明显的减少。

2016年沃尔玛中国区关闭了13家店，同年又在中国开了24家新店，其中包括21家大卖场以及3家山姆会员商店。在2017年，沃尔玛计划在中国新开40家门店及测试新的大卖场形态，并投入3亿多元用于50家门店的升级改造。除此之外，沃尔玛在线下不断扩张的同时，还与京东进行联盟合作，包括山姆会员店和沃尔玛全球官方旗舰店入驻京东。这种从关店到开店的调整，不仅使得沃尔玛中国2017财年第四季度实现总销售增长5.4%、可比销售增长2.3%、可比客单价增长5.2%，同时也强有力地推动了销售增长的动力，为自身发展带来了更多的回报。

所以说，从辩证的角度来看，零售业的关店锁门具有两面性，要么是永久性地以失败告终；要么是关起门来，重新调整战略，从其他地方或者与别的品牌合作联盟实现重生。后者可能更接近于连锁联盟，甚至可以说是连锁联盟的萌芽阶段。

连锁联盟主要是颠覆传统的零售业商业模式，寻求联合发展的一种经营战略。目前这种商业模式是大企业的生存优势，同时也是零售实体店生存发展的重要出路之一。

万有轴承连锁主要是以实体连锁店销售的营销模式，通过统一的企业品牌形象，多品牌入驻万有轴承连锁实体店。由集团统一采购，统一配送，并加多重防伪，保证了每一套轴承产品的优质性，从而在源头上杜绝了假冒产品，为终端用户提供安全可靠的传动方案。万有轴承连锁采用统一的企业品牌形象、完善的售前售中售后服务，为客户提供了安全的购物场所；统一的配送中心，减轻了轴承经销商的库存资金压力，让加盟店以更少的库存服务更多的客户。

像万有轴承这种连锁联盟的品牌经营模式，不仅满足了不同客户的需求，对客户形成强大的吸引力，同时也能够做大品牌、稳固市场，形成企业发展的优势。

另外，从风险的角度来看，连锁联盟也是有效降低风险、重新调整、优化升级的有效策略，它是保障企业重新崛起、不断壮大，形成强大品牌的开始。无论是对于大型企业还是中小企业，连锁联盟可能都是企业生存与发展的一剂良药，尤其是对于处于发展困境的企业来说，是一条更为合适的出路。

与此同时，伴随着市场激烈竞争的加剧，就当下零售业的发展形势来看，实体零售的联合是企业的不二之选。连锁联盟意味着强强联合、不断强大、携手共赢的一种发展模式，这种发展模式不仅仅是龙头企业发展习惯采用的模式，也是他们不断协助做大品牌的有力手段。同样地，对于实体店而言，连锁联盟的生存模式更是抱团取暖、越做越强的有效途径。在未来，连锁联盟，强强联合也将成为一种发展趋势，重新构建起新的商业模式。

反之，如果实体店仍旧孤立存在，不愿融入与合作，那么无论从风险的角度还是从长远的发展来看，都极有可能被激烈的市场竞争所淘汰，单打独斗的个体户将很难存续，不得不选择关停锁门。

3. 什么是特许加盟连锁商业模式

在经历了实体店倒闭潮之后，越来越多的实体经营者意识到，单店经营面临着越来越大的挑战和风险，而加盟连锁才是长久发展的保障。基于此，越来越多连锁加盟的商业模式应运而生，显示出强大的生命力和扩张能力。大型国际连锁商店也将加盟的商业模式延伸到各个领域，为中小企业提供了有利的发展条件。眼下，已经有越来越多的中小企业及创业投资者选择特许加盟连锁，通过花钱买品牌、买管理的形式高起点地进入市场中参与竞争，从而快速赢得市场并获取利润。

（1）特许加盟的含义

根据国际特许经营协会对特许加盟的解释来看，特许加盟是指拥有技术和管理经验的总部，指导传授加盟店各项经营的技术经验，以合同约定的方式，允许被特许加盟店（被特许者）有偿使用其名称、标志、专有技术、产品及运作管理经验等从事经营活动的组织经营模式，此种契约关系即为特许加盟。

通俗来讲，特许加盟是特许人与受许人之间的一种契约关系。它是特许方拓展业务、销售商品和服务的一种经营模式，同时也是被特许方享受品牌、技术指导以及市场占领优势的一种竞争模式。

（2）特许加盟的特征

特许加盟的特征主要包括以下几点：

➢ 只有一个加盟连锁的盟主，即特许权的拥有者。

➢ 盟主的特许权包括产品、服务、营业技术、商号、标识以及其他可带来经营利益的特别力量。

➢ 特许加盟是利用自己的品牌、专有技术、经营管理模式等与他人的资本相结合来扩大经营规模的一种商业模式。

➢ 加盟者对其店铺拥有所有权，店铺经营者是店铺的主人，盟主和加盟者的关系主要是以合同为主要联结纽带。

➢ 经营权盟主的总部，加盟者必须完全按照盟主总部的一系列规定经营，自己没有经营自主权。

➢ 加盟者要向盟主交付一定的有偿费用，通常包括一次性加盟费，销售额或毛利提成等。

➢ 特许加盟是一种双赢的商业模式。只有使特许人获得比他独自直营更有效的发展，让受许人获得比独自经营更多的利益，特许加盟才能进行下去。

➢ 盟主是纵向关系，各加盟者之间无横向关系。

（3）特许加盟的优势

在如今市场，类似于肯德基、麦当劳、星巴克等不断做大的加盟店，更是吸引了无数创业者、投资者的追捧，不仅拥有庞大的市场发展前景，成为同行业中的领导角色，同时无论利润回报还是无形资产都得到了迅速的提升。

那么，特许加盟的优势究竟表现在哪些方面呢？

➢ 总部达到规模经营的目的。

总部仅仅利用品牌、技术以及经营管理经验等投入，便可达到规模经营的目的，不但能够在短期内获得利润回报，而且使无形资产迅速提升。

➢ 加盟店短期内快速得到回报。

可以快速拥有并利用品牌、商标、经营管理技术等，比起独创事业，无论在时间上还是资金上都减轻不少负担，对于创业者来说，可以在较短的时间内入行。

➢ 加盟店不必自设开发部门。

为了提高整个连锁企业的商誉，优秀的加盟总部随时都会开发高品质、高附加值的商品，以产品差别化来制胜，打败竞争对手。

➢ 加盟店承袭了连锁系统的商誉。

顾客会形成固有的品牌信任和依赖，对于新开张的店或是不熟悉的店都会有亲切感，甚至对于新移民的加盟店来说，语言障碍、生活习惯等问题，也都可以在同一品牌之下受到维护。

➢ 促进良性循环。

加盟店在店铺选址、策划、员工培训、市场等方面，可以得到经验丰富的特许者的帮助和支持，从而使得自身运营迅速走向良性循环。

➢ 提升生存能力和竞争力。

加盟店可以快速得到品牌和技术的支持，从而在整个市场中站稳脚跟。总部随着越来越多的加盟者加入也会增强自身的品牌价值，提升市场的占有率。

➢ 双方实现共赢。

从某种程度上来说，加盟店的成功，就是总部的成功，加盟店的发展和壮大都等于在帮助总部拓展市场，同时，总部对业绩好的加盟店，也会给予相应的奖励制度与福利。

根据实践调查证明：加盟创业的成率为 95.5%，独自创业的成功率为 4.5%。1997 年 9~10 月盖洛普调查显示：90% 以上的受许人表示，他们的特许经营可算成功或很成功。其中 18% 的人超越了期望值，48% 很大程度上满足了期望值，24% 基本满足了期望值。2/3 的被调查者认为，如果他们独自开创相同的产业，他们不会取得此时的成功。

也就是说，不管是在过去，还是在如今的商业领域，特许加盟作为一种共赢的商业模式，已经成为很多企业发展经营所遵循的规律。并且随着网络技术的普及，这种“借鸡生蛋、借网捕鱼”的经营模式，将会为越来越多的企业带来可观的收益以及长远的发展前景，成为推动整个商业领域发展的新动力。

在未来，特许加盟将持续火热，成为开店创业的新趋势、新潮流，为更多的创业者带来新的创业机遇和赢利前景。

4. 互联网时代，连锁联盟的运营模式

在互联网时代，不同行业、不同层次的商家，或者是同行业、不同层次的商家，为了实现共同的利益，通过网站联盟或组织机构联盟的方式形成连锁联盟。这种连锁联盟将所有商家通过网络联系在一起，促成一种全新的商业联盟，不仅使得商家在资源共享的同时，拓展自身的销量，也能够使得消费者降低购物成本，双方实现互惠互利。

那么，互联网时代，连锁联盟到底拥有怎样的运营模式？在市场之中又发挥着怎样的作用呢？

（1）连锁控制模式分类

依据连锁控制模式分类，连锁联盟主要分为直营、加盟、托管、联盟等形式。

➢ 直营连锁。

直营连锁主要是指由总公司直接投资（全资或控股）开发、管理的连锁模式。直营连锁主要自己开店，例如，武汉周黑鸭、郑远元修脚连锁等。

➢ 特许连锁。

特许连锁也被称为加盟连锁，即拥有技术和管理经验的连锁总部将拥有的商标、产品、商号、专利、专有技术、经营模式及销售总部开发商品的特许权以特许经营合同的形式授予被特许门店使用，指导传授加盟店各

项经营技术经验，并收取一定比例的权利金及指导费的经营模式。

➢ 自愿连锁。

自愿连锁也称自由连锁，即自愿加入连锁体系的商家。在自愿加盟体系中，商品所有权是属于自愿连锁的商家所有，而系统运作技术及品牌的专有信息则归总部持有。

万有轴承连锁所采用的就是自愿连锁和特许连锁等方式。首先，万有轴承允许合作伙伴在不改变法律主体的情况下，只需要根据授权注册“万有”字号营业执照即可。其次，万有轴承连锁属于企业品牌，在连锁店销售的产品实施多品牌战略，具有自主品牌，自主知识产权的轴承品牌都可入驻万有轴承连锁实体店展示和销售，运营总部拥有的资质可授权连锁店使用。公司拥有统一的连锁形象，统一的宣传口径（万有轴承、拒绝假冒）。

此外，与其他品牌经营不同的是，在如今品牌经营中，合作伙伴们只是一个销售商，从中赚取差价，相当于只是品牌的推广者，而不是品牌的拥有者，品牌的成长并没有给合作伙伴带来相应的价值回报。而进入万有轴承的连锁系统之后，加盟商是品牌的拥有者，可以享受到品牌提升带给我们的价值回馈。

这种自由连锁，不仅成本较低，操作起来更为简单，而且在短期内能够为商家带来一定的收益。它是当下很多小型资本商家快速运营的一种方式。万有轴承连锁这种运营模式，除了提供基本的运营条件之外，还附加提供品牌的价值拥有以及相关价值回馈。

➢ 加盟连锁。

主要是指连锁商家集合联盟或会员组成联盟，通过联盟平台帮助各联盟会员实现采购、销售等规模经济目的的组织形式。

麦当劳主要利用加盟连锁的运营方式。其中麦当劳有1/3的店面是直营，2/3是加盟店。从整个市场情况来看，诸多加盟商经营一家店能够赚到不少钱。可实际上，真正的赢家是麦当劳总部。正是因为诸多商家加盟麦当劳，才让麦当劳有了大量的资金去开店、区域占领市场，从而帮助总部获得更大的市场以及更响亮的品牌。

基于此，麦当劳有了大量的资金去开店、区域占领市场，从而帮助总部获得更大的市场以及更响亮的品牌。麦当劳比竞争对手更快地占领所有的优势地段，并且利用加盟商的潜心经营也使得地价不断升值。同时通过物流配送、半成品加工、原材料供应控制行业内的供应商资源，使自己的餐饮管理公司成为又一个赢利点，从另一个方面节约成本赚取利润。这是它商业模式当中的一个部分，叫作盈利模式设计。

➢ 协力连锁。

协力加盟与自愿加盟在分店设立与资金取得上相同，全部由加盟者筹措，且经营该分店所需人员亦由加盟者负责。两者之间最大的不同是总部对加盟店，在管理方面，仅支持供货服务，因此又称供货同盟。

（2）经营规模分类

从经营规模分类来看，还可以分为城市性连锁、跨区域连锁和全国性连锁。

➢ 城市性连锁。

主要围绕大、中、小城市进行分布。例如，餐饮小品牌连锁、超市小品牌连锁。

➢ 跨区域连锁。

包括跨市连锁、跨省连锁等。例如，商场连锁、技术公司连锁。

➢ 全国性连锁。

包括农村、城镇、大城市等，覆盖全国范围。例如，超市连锁、餐饮连锁、药店连锁等。

（3）运作模式分类

从依据连锁公司的运作模式分类，从连锁公司的运作模式来看，主要分为投资管理型、战略控制型、业务控制型三种类型。

➢ 投资管理型。

包括实体商业投资、加盟连锁、创新项目投资管理等。

➢ 战略控制型。

通过对企业或部门采用层级的管理控制、资源的协调分配、经营风险控制等策略和方式。

➢ 业务控制型。

通过对连锁公司业务的监督、管理来控制和协调内部发展。

总的来说，随着网络技术的不断成熟与应用，新零售时代的到来，很多企业为了能够获得更大的市场，赢取更大的利润，不仅仅是同行业、同层次的商家展开联盟，共同发展，新的异业联盟，不同行业、不同层次的商家联盟随之出现，最大限度地实现了资源信息共享，取长补短，互利共赢，从而形成一个良性的商业生态圈。

5. 连锁品牌溢价：占领消费者的心智高地

随着经济的快速发展，市场竞争日趋激烈，实体店之间的竞争已经不仅仅取决于产品的价格以及质量因素，更重要的是店铺品牌等无形资产的竞争。商家的品牌意识不断增强，品牌溢价受到越来越多的是实体店和消费者的密切关注，甚至成为实体店获取超额利润的重要法宝。

在市场中，同样的产品被贴上知名的品牌，身价立即翻倍。例如，一件普通的衣服可能只需要 50 元，但如果将这件衣服贴上丹比奴、耐克、阿迪达斯等服饰品牌，价格将至少翻十倍。这种类似于从丑小鸭到白天鹅的巨大转变正是品牌溢价所发挥的奇妙作用。

通常情况下，消费者也更愿意购买拥有品牌的商品，即便拥有品牌的商品与其他同类商品的质量差不多。这其中主要隐含着一种情感价值，而这种情感价值就是由消费者的消费心理所决定的。因此，对于商家来说，利用品牌塑造来提升商品价值，塑造在消费者心目中且高于其他品牌的形象，是获取更多利益以及保障企业长期发展的战略转变。

那么，连锁品牌该如何有效打造溢价能力？

（1）塑造品牌领先形象

绝大多数连锁店都称得上品牌，有区域小品牌、全国著名品牌以及国际大品牌等。但如果说哪些连锁品牌的溢价能力较强，那一定是大品牌。

也就是说，一个区域小名牌溢价能力不如全国性大名牌强，一个“中国名牌”则不如“国际名牌”。因此，对于品牌的塑造自然是越大越好，越著名、越响亮的品牌越有利于拓展市场、稳固发展。在广告宣传、推广营销以及新闻宣传中我们都可以着手宣传品牌信息，有效发挥出品牌价值，增强广大消费者的认知意识。

海尔打造品牌的战略就是采用“先难后易”的国际化战略，大肆宣扬“产品畅销德国、成功登陆美国、全球海尔人祝中国人民春节愉快”。这种升级到国际层面的品牌推广，不仅有着强大的影响作用，同时也能够有效树立起国际级大品牌的形象，溢价能力远远超过了其他国内电器品牌。

海尔的做法也是很多连锁品牌打通国际市场的重要手段。事实上，即便产品没有覆盖到全球范围内，但是在能力范围内进行广告宣传，推动品牌价值的提升，以及建立良好的品牌形象也是塑造品牌领先形象的有效策略。

服饰品牌“报喜鸟”正是利用了中央电视台这个传播品牌的广告资源，很快实现了品牌提升，建立起良好的品牌形象，并且中央电视台不管是在覆盖率、收视率，还是在权威性、可信度等方面均存在着地方电视台无可比拟的优势。

报喜鸟通过在中央电视台的广告投放，使得整个服饰品牌在短时间传遍大江南北、妇孺皆知，大大提高了品牌的知名度，很快在全国打响了品牌。各地商家纷至沓来，要求代理报喜鸟品牌，从而拓宽了加盟渠道，促使报喜鸟连锁专卖市场网络的建立。

对于实体店而言，塑造一个良好的品牌形象，也是快速打通市场的重要手段。在前期，实体店可以通过宣传，在消费者心里留下一定的印象，紧接着通过加大宣传力度，加强消费者的购买力。与此同时，不断开拓市场，吸引更多的实体加盟，构建出更加强大的品牌。

（2）提高品质，加强品质管制

提高品质，加强品质管制是提高品牌溢价能力的基础。消费者在购买活动中，影响其购买决策的主要因素之一就是商品品质。只有保证优质的服务、卓越的品质才能够使得消费者对该品牌建立长足的信心，而长期的信誉又是品牌溢价之本。

所以，对于实体店而言，品质的提升是提高品牌溢价能力的基础保障，是保证自身品牌壮大和长期发展的有效策略。实体店在经营过程中，无论是对产品的原料、渠道还是产品的生产和经营都需要秉承品质为上的信念，注重自身产品的品质，加强产品品质的监管，努力塑造出代表卓越品质的品牌。

（3）注重产品、服务的创新

注重产品、服务的创新，是提高品牌溢价能力的动力。在品牌繁多的市场之中，想要脱颖而出，想要形成自身发展的优势，就必须赋予自身产品更多的特性，对产品进行优化、升级、创新，进行产品功能、特性的差别化竞争。也就是说，消费者多支付的品牌溢价，绝大多数也都是以产品的差别化功能作为补偿，这样消费者才愿意为之埋单。

与此同时，市场上产品同质化越来越多，这在一定程度上导致品牌溢价的能力越来越小。而消费者的需求也越来越个性化，讲究自我情感、意愿的表达。

这种情况下，连锁品牌想要突出自身优势，占领消费者的心智高地，就需要注重产品的创新。通过赋予品牌更多的内涵以及投入更多技术创新，使得自身品牌下的产品区别于其他产品，从而获得较高的品牌溢价。

（4）赋予品牌高档感、高价值感

通过对品牌赋予一定的高档感、高价值感，能够为产品增加更多的附加值，让消费者看到产品功能之外的价值。通常情况下，对于功能型利益为主的品牌主要通过不断提高技术和产品的使用价值，塑造功能人性化、外观精美的产品，进而有限度地提高单单这几款高档商品的售价。

对于情感型、自我意愿表达型为主的价值品牌，品质、技术是基础，然后可以通过广告塑造品牌时尚、高档等内涵，同时在工业设计与做工上精益求精，并在豪华高档场所设零售终端。通过一系列的高档感和高价值感的注入，提升品牌的溢价能力以及营销能力。

总而言之，随着连锁品牌的日益增多，在接近饱和、竞争激烈的市场之中，分析品牌溢价，有效探索提高品牌溢价的能力是在市场中获得长期发展的战略转变，是占领消费者心智高地的有效途径。它对提高品牌盈利能力、降低企业风险、保持可持续发展具有重要的意义。

6. 提高单个实体店生存能力和竞争力

在2014年，零售业实体店掀起了一股追崇互联网的热潮，人们将实体店的经营不善全部归咎于网络冲击，对实体店自身存在的各种问题视而不见，寄希望于网上开店来发展实体O2O，促进自身的盈利和发展。事实上，这种解决方式并不是维持实体店生存的有效途径。

每一个单店盈利才是真正的制胜之道。从实体店长期发展的角度来看，加盟的模式在规模不大的时候，要讲规模；规模大了以后，自然也会有它的“瓶颈”。例如，一些门店数量多、分布广，这就导致店铺在管理上容易出现失控，执行力也不强等。同时，也正是因为加盟这样一种平等合作的关系，加盟店是利益主体，不盈利或者是利益受损必然会引起一些实体店的“反抗”，那么如何有效克服与解决这些问题呢？——让每个单店盈利是关键。

单个实体店的盈利的基础则取决于提高实体店的生存能力和竞争能力。重新构建以消费者需求为导向的零售商业本质，审视门店存在的各种内在缺陷和不足，才是解决实体盈利的根本策略。只有清晰地把握事物的本质，才能够找到解决问题的方法，进而“对症下药”。

（1）门店定位：发挥实体店的优势

实体店的优势主要体现在三个方面：一是“体验”；二是“服务”；三

是“专业”。这三方面的优势都是相对于线上零售而言，同时也是实体店需要坚守的三大要素。

➢ 体验。

主要是体现在实体店能够为客户提供视觉、触觉、嗅觉等感官上的体验。除此之外，还包括心理层面、情感层面的精神体验。例如，实体店开展一些互动活动，让客户参与进来抽奖、提问以及做游戏等都是一种有效的体验。

➢ 服务。

主要体现在商家的服务态度、细节服务以及整体的服务品质等。

➢ 专业。

大到整个实体店的装修、商品摆设、产品品质，小到员工的产品分析和服务能力，无不体现一个实体店的专业能力。

在未来，实体店想要获得更加长久的生存，需要具有互联网思维并借助互联网工具优化自身，与时俱进，同时还要以“专业、体验、服务”作为核心基因，以此提高实体店跟电商分流顾客、共享市场的能力。

（2）调整品类：体现时尚、个性化

很多零售店通过调整商品的品类和陈列形式，以此来实现差异化竞争。例如，很多实体店在门店门口通道、收银台对面以及一些显眼的地方全力展现出时尚、潮流的品类。这些时尚品类的适当导入和陈列的方式，恰巧符合如今“85后”“90后”为主的消费群体，能够快速吸引年轻人以及追求时尚潮流的消费者进店参观、消费。

（3）智能升级：数字店铺是未来趋势

随着互联网技术的不断发展和应用，也为实体店的创新发展提供了新的发展机遇，无形中改变了实体店商业店铺和运营模式。

仅从支付手段来看，实体店铺就享受了和线上零售店同样的优势，可以通过微信、支付宝、花呗等多种支付途径，并且还可以在网络上提前查询店铺的地理位置、折扣优惠以及店铺的好评商品的样式等。不仅能够为消费者带来更加便利的消费体验，也为实体店铺从多角度、多渠道，带来更多的客户源。

未来随着网络技术的成熟，实体店的终极模式，就是借助移动互联网的“东风”逐渐优化成“实体+智能”于一体的“数字店铺”，最终实现以移动互联网为主的线上线下的全渠道O2O商业模式。

例如，在门店放置跟互联网无缝链接的数字货架、智能电视、数字橱窗，用于点击即可播放的产品使用示范及品牌宣传，借助免费Wi-Fi和会员接入，通过移动手机客户端APP、网店、微店，以及微信、大众点评等社交媒体平台，实现线上线下对顾客24小时“随时、随地、随心”的无缝链接。

（4）团队升级：互动式管理

对于实体店的发展，员工起着至关重要的作用。无论是体验氛围的营造还是人性化、特色服务，都需要借助员工以及整个店铺上下来呈现和诠释。所以，在实体店的经营过程中，需要鼓励和引导员工积极参与进来，发挥员工的意识能动性，有效发挥出实体店服务、体验以及多元化的发展优势。

现如今，很多零售店的用工对象基本上都是以“90后”为主的新生代群体，他们不喜欢“说教式”的家长化管理，讨厌死板和单一的工作；但同时，他们拥有独立的审美，敢于挑战，敢于创新，对时尚和潮流的感知能力更加敏锐，更善于用互联网新工具与别人沟通，与顾客互动。因此，他们对于营造门店的时尚和个性化，其实比“60后”“70后”员工更具优势。整合“90后”员工的优势，让新生代群体融入的同时也为实体店注入新鲜的血液，从而构筑一个执行有力、快乐工作的年轻团队，将会极大提高单个实体店的生存能力和竞争力。

7. 门店盈利转变为连锁盈利

在移动互联网时代，面对线上零售与消费习惯变化的冲击，传统门店想要实现平稳的利润增长，该如何结合自身优势、整合资源提升盈利？又该如何将有限的利益转变为利益最大化？这是绝大多数实体门店运营者每天都在思考的问题。

尤其是在竞争愈演愈烈的环境背景下，门店的盈利以及获得的利益已经不足以维持和保障门店长久的发展，并且随着市场中品牌连锁的不断增多，市场开始出现垄断，单个门店经营将会受阻。这种情况下，实体店的连锁联盟，利益结合，才能使得实体店出彩，并且保证不被淘汰。

那么，为了保障实体门店的长久发展，如何将门店盈利转变为连锁盈利？

万有轴承连锁在模式设计之初，就以“齐建共享”的理念渗透到全产业链，根据贡献率持有股份，并通过交叉持股的方式，从产品销售盈利到品牌溢价的分享。

（1）打破传统、去个人化，对门店进行整体升级

打破传统、去个人化，改变门店经营者的固有思维以及认知壁垒，提升经营者对全局的谋划能力，是大多数门店进行升级、转型的重要途径之一。对于绝大多数传统门店而言，仍然习惯于依靠个人经验进行经营或者是沿袭和效仿周围实体店运营的模式来保证自身的发展。例如，一些夫妻店、个体户、小本经营等。这些传统门店，其经营理念和经营方式仍然停留在传统的经营理念与个人经验之下，殊不知，在市场变化和竞争如此快速的今天，任何冲击都有可能将其摧毁或是毁灭。因此，对于实体店来说，想要获得长久的发展，打破传统、去除个人化，对门店进行整体升级是目前亟待解决的问题。

对门店进行整体升级主要包括两方面升级：一是形象；二是服务。

➢ 形象。

在日常消费的过程中，最先映入消费者眼帘的就是一家门店的平面形象，店面的外在形象直接影响了消费者的进店率，并且良好的店铺形象是一个门店的精神依托。蓝创集团汽车服务产业负责人表示："形象和营销有直接关系，如果门店不会推销形象，就不可能会推销产品、提升业绩、黏住客户。在同质产品众多的情况下，终端门店的竞争不单是产品的竞争，更是'产品+服务'的竞争，拥有高质量和差异化服务的门店更能吸引消费者。"

➢ 服务。

服务为王的时代正在悄然来临，在未来将会成为实体零售业的优势以及发展趋势。因此，对于实体门店来说，想要实现完美升级，在做好产品的同时加强服务，要极力向顾客展示自身的最佳形象，为顾客提供最优质的服务，这样才能在连锁领域获得长久发展。

（2）品牌化、标准化的经营助力门店盈利

对于连锁店而言，长久的盈利不仅仅依靠的是成本控制和资源共享，更重要的是连锁店经营者的战略眼光以及正确决策。而一个门店长久发展和盈利的核心是要把单项做成品牌，并且坚持品牌化、标准化的经营。

过去的100年里，可口可乐替它的所有者与不止上百万的人（如经销商、售货员、甘蔗种植者、广告人、演员等）带来源源不断的巨大财富。可口可乐的总裁曾经说："即使全世界所有可口可乐制造厂在一夜之间都化为灰烬，我也可以靠这个品牌重新建立起一个崭新的'可口可乐王朝'这绝非妄言。"

为什么这个品牌的价值可以吸引全世界的投资商为它建立新的生产基地？主要原因就在于"伟大品牌"的价值已经超过了产品本身。品牌已经成为一种文化符号，成为某种生活方式或者是价值观念深入人心，无论可口可乐从头再来还是不断扩张都并非难事。同时，这也说明了一个品牌对于实体零售业的重要性，它是一个企业屹立不倒、长久盈利的重要支撑。

然而在现实中，许多门店在经营时不能够准确把握发展方向，忽略品牌化和标准化在门店管理中所扮演的重要角色。实际上，这对于门店的发展来说，是一种限制和局限。因为，任何门店和品牌的长久盈利都离不开差异化的服务、精细化的管理、品牌化与标准化的经营模式。只有品牌化、标准化的经营模式，才能助力门店的盈利，进而有利于将门店的优势转变为连锁的发展优势。

（3）门店运营系统从"粗放式"向"精细化"转变

没有清晰的运营思路，门店就是绝路。如今市场上仍不乏一些"粗放式"的门店运营，这种粗放式的运营系统很难在市场中出类拔萃或是形成自身独有的竞争优势。虽然很多传统意义上的实体店已经具备雄厚的市场基础，但是实体店想要实现转型、拓展规模，改变大环境，都是极大的挑战。门店粗放的管理方式显然也无法适应当前市场发展的趋势。

一个优秀的门店应该有目标、有计划、有考核、有努力的方向，只有这样的企业才能在现代竞争中脱颖而出。而精细化的运营这种深度精耕的运营模式，不仅有助于提升门店盈利能力，还能够与其他实体店形成差异化，形成自身独特的竞争优势。

那么如何实行精细化的管理模式？

- 设定明确的目标、计划、考核标准以及努力方向；
- 精耕品牌，遵循特定的精细化运营标准；
- 找准自身盈利点，以专业服务为基础，形成自己的超强竞争力；
- 坚持以消费者为导向，打造让消费者信赖的品牌。

很多连锁品牌之所以能够形成自身强大的竞争力，创造并发挥自身最大的价值，正是基于精细化、标准化的管理基础，所以对于门店来说，做到精细化的深耕管理，盈利也就并非难事。

不过需要注意的是，精细化的管理模式并不仅仅是大数据和系统精细化，最重要的是精细化的工作，精细化的服务体系，如果每位员工以及公司上下都能够从细节做起，那么，门店盈利转变为连锁盈利自然是水到渠成的事情，并且连锁集团也将成为一个更具有实力的集团。

总的来说，两个门店所产生的利益将远远小于1+1的利益，在如今连锁联盟、品牌化的市场之中，门店盈利转变为连锁盈利是实体店获得长久发展、盈利的基础，更是整个时代发展的必然趋势。

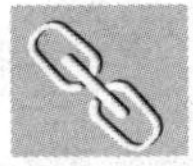

第四章

连锁共享：合力打造一流品牌

随着共享经济的大热，基于网络的商品共享、资源共享、服务共享等新型的经济模式层出不穷并初显成效，成为未来商业发展的新的潮流。这种形势下，实体店自然要把握时代潮流，借助共享之风，发挥自身品牌共享的优势，通过品牌共享、渠道共享、资源共享、仓储共享以及利益共享来降低成本、增强竞争能力，从而合力打造出一流的品牌。

1. 互联网时代下的共享经济模式

随着移动互联网的成熟，“互联网 +”在各行各业都产生了深刻的影响，带来了革命性的变革。在这样的环境背景下共享经济应运而生并且蓬勃发展。基于社交网络的商品共享、资源平台共享、服务交易共享等新型的经济模式层出不穷。

起初，由 Uber、Airbnb 带领起来的生活领域的共享创业模式被迅速推广、学习。随后，共享经济在住宿和交通运输行业赢得了快速发展，与此同时，也在不断地向食品、时尚消费品，电子产品等实体零售领域拓展，全球越来越多的公司和组织为人们提供共享或租用商品、服务、技术等资源。

共享经济是指拥有闲置资源的机构或个人有偿让渡资源使用权给他人，让渡者获取回报，分享者利用分享自己的闲置资源创造价值。这个术语最早由美国得克萨斯州立大学社会学教授马科斯・费尔逊（Marcus Felson）和伊利诺伊大学社会学教授琼・斯潘思（Joe L. Spaeth）于 1978 年发表的论文中提出。最早的实践应用则是在资本主义经济背景下，为解决员工与企业主利益分配机制上创造出的职工股份所有制计划、利润分享计划，从形式上讲，是最早出现的弹性收入分享计划。

而共享经济模式的真正崛起和火热起来，还要从最近几年说起，其主要特点是，一个由第三方创建的、以信息技术为基础的市场平台。这个第三方可以是商业机构、组织或者政府。个体借助这些平台，交换闲置物品，分享自己的知识、经验，或者向企业、某个创新项目筹集资金。

共享经济下，人际关系发生结构性改变，从产权观念走向共享观念。共享经济的模式主要分为三种：

（1）有偿分享模式

共享经济起源于衣、食、住、行、用领域的共享行为，让渡产品的使用权为最初形态。从交通领域的 Uber、住房领域的 Airbnb，共享的经济模式衍生到个人生活服务的其他环节。

以共享经济模式下的经典 Uber 为例。基于乘车服务的共享公司 Uber 最近是资本市场中的热点，在 2015 年 8 月完成新一轮融资后，估值接近 510 亿美金，也成为未上市公司市值领先的科技企业。

Uber 的共享模式主要是以有偿的形式展开，通过降低有偿模式的成本，以及提升资源的利用率来维持自身发展的利益以及降低消费者的消费成本。同时，也是由社交网络逐步走向社会网络，实现从线下到线上，相互融合的过程，真正实现了多元化、多渠道的发展。

对于零售业而言，共享经济模式有很多发展优势与零售业的发展有着共性，比如，新零售模式——实现线上、线下相结合；资源共享、相互协作、融合；等等。所以说，零售业连锁模式共享，将共享的理念融入企业发展之中，也将成为新的发展前景和机遇。

（2）无偿分享模式

共享经济下，当然也存在一些无偿的、免费的分享模式。

在美国 Yerdle（各类物品共享）平台上，所有物品均免费。Yerdle 的核心理念在于每个人都拥有大量使用频率极低、基本被闲置的物品，闲置物品的共享具有很大的价值。在 Yerdle 平台上人们可以免费购买物品，只需要支付基础的物流运费，并且为了平台的持续运营，积分体系在 Yerdle 运营过程中起到了货币的作用。此外，随着 Yerdle 平台的不断发展，形成了一种信用体系，用户在平台上的活动都是基于过往信用积分，所以说，未来 Yerdle 的价值就不仅仅在于共享交易，还能够作为一个信用的标准。

Yerdle 的成功不仅仅是具备共享经济的思维，更多的是在商业模式的完善考虑，从账号积分体系，到物流配送设计，再到征信环境的融入，Yerdle 的不断创新和深入发展都在为自身的成功奠定基础。

这种无偿的分享模式，虽然在如今鲜有尝试，但随着共享模式的不断成熟，在未来很有可能成为商业领域发展的新起点。例如，一些实体店在拓展线下零售渠道的同时，也可以采用个别商品免费的手段，来激发人们的购买欲望，提升消费者的购买力。当然，考虑到自身成本利益，实体店也可以增添一些附加条件（邮费自付、包装费自付、会员卡办理）等。这样一来，不仅可以为实体店积累更多的客户资源，同时也可以拓展更多新的发展渠道。

（3）众筹

众筹的涉及范围比较广泛，如产品众筹、股权众筹、奖励众筹等。

以阿里巴巴的娱乐宝为例，娱乐宝于 2014 年 3 月由阿里数字娱乐部出品，用户可以通过手机客户端直接参与特定电影的投资，投资额度是电影 100 元 / 份，游戏 50 元 / 份，投资上限 1000 元，已经投资了《小时代》等四部电影。

娱乐宝这种众筹模式主要通过将粉丝的力量，通过不同的方式聚合，包括关注、支持、资金、营销等方面的众筹，后端分享电影与电影周边附带的产品和服务，进而衍生出一系列的附加价值，促进多种平台的有效融合与发展。

对于实体店来说，众筹模式也可以作为积攒人力、物力、财力的重要策略。实体店可以与其他平台合作或者是投资其他平台，不断放大自身品牌的影响力，与用户之间进行更多、更充分的互动，实现最大程度上的利益共享、合作共赢。

总的来说，在共享经济的热潮中，商业模式不断地发生创新与变革。社会资源与福利不断地融合共享，社会效率更是得到了显著的提升。而在未来，共享的理念将会进一步与企业融合，推动各行各业的发展。因此，零售企业更应该抓住共享时代的发展趋势，在共享经济模式下，寻找到自身需要努力和创新的方向，从而在新一轮变革中实现自身质的发展和飞跃。

2. 连锁共享，推动供给侧改革

随着共享经济的蓬勃发展，共享日益成为经济增长的新亮点，各行各业共享、共赢式的发展也变得更加迫切。但与此同时，人们不断认识到共享经济下，供给侧改革的重要性。不管是商业领域的专家还是企业大佬，都在强调推动结构调整，提高供给质量，推动经济和社会生态发展。

2016 年，京东集团副总裁马松在第十四届中国 ECR 大会上发表了主题为“供给侧技术创新，引领京东零售未来”的演讲。他表示，京东已经利用技术建立了从供应商到消费者的完整供应链，正成为供应链的整合者，依靠流程再造和大数据驱动，通过“好计划、好商品、好价格、好库存”整体解决方案的打造和应用，提供品质商品、降低存货成本、提升现货率，以合适的价格给消费者完美的购物体验。

供给侧改革主要是从提高供给质量出发，用改革的办法推进结构调整，矫正要素配置扭曲，扩大有效供给，提高供给结构对需求变化的适应性和灵活性，提高全要素生产率，更好满足广大人民群众的需要，促进经济社会持续健康发展。

那么，连锁共享在推动供给侧改革上具备哪些优势？

（1）完善创新创业体系，提升供给侧主体“质与量”

如今，整个市场之中，被注上品牌标志的商品越来越多，同时这也意味着商品同质化的现象越来越突出。这种情况下，一个优质的连锁品牌想要在庞大的市场之中占据一定的优势就需要不断完善创新创业体系，提升产品的“质与量”。

在连锁共享模式下，创新创业体系的完善不仅有助于提升供给侧参与主体“质与量”，对供给侧模式的完善和丰富也起到一定的积极作用。除此之外，创新创业所带动的商业模式迭代，也为供给侧改革不断提供借鉴和参考。以滴滴打车软件为例，在通过效率提升改善供给的同时，还挖掘了市场中新的需求。这种创新创业催生出的新技术、新思维，也在不断改善和提升供给侧主体的“质与量”。

（2）从用户需求出发，提升产品品质

在不同的时代背景下，以消费者的需求为基础，以满足消费者需求来提升商品的价值，这一点从始至终没有发生过改变。

以京东为例，“京东零售好计划”就是从消费者需求出发，立足于京东的战略目标。京东商城副总裁马松说：“电商在骨子里其实是技术公司，需要通过大量的技术手段才能满足自己生存发展和用户满意的需求。京东的大量技术投入和基础设施建设都是为了保证和提高用户体验，让他们流畅地找到适合自己的商品，并迅速送到用户手中。”

京东在经营的过程中，一直秉承从用户的角度出发，通过不断分析和挖掘用户需求，来提升产品的品质，进而满足用户需求，实现精准有效的营销，从而在一定程度上避免生产出质量低劣以及用户满意度较低的产品，从一开始就走在了零售业发展的最前端。

那么如何有效挖掘用户需求，实现产品的精准生产和营销呢?

➤ 利用海量、高价值的大数据，为用户画像；

➤ 通过用户画像，充分了解用户行为习惯和潜在需求；

➤ 充分进行技术投入和基础设施建设，提升产品和服务的品质。

在互联网时代背景下，网络技术已经成为诸多零售业满足消费者的重要技术和工具，也是用户在进行购物消费时的必然选择。因此，品牌连锁店更应该抓住海量的数据信息，充分分析用户的需求，基于此，生产出高品质，符合用户需求体验的产品。

（3）促进各行业、各领域不断深化和协同

供给侧改革的核心在改善各资源要素的配置效率，让各要素得到更充分和有效的利用，从而实现社会生产总体成本的降低和总体效率的提升。

然而，生产要素所涉及的范围格外广泛，如资本、人才、技术等。对于连锁共享来说，这就需要不断深化金融、技术、产品等领域的改革，进而通过同行业以及其他行业多领域改革的协同，让供给侧改革落到实处。

基于此，积极发挥创新创业体系在新动力的核心作用寻找“增量”，能够不断深化促进各领域改革谋求“协同”，实现产业总供需的良性互动，进而通过多层次多渠道提高生产力，满足消费者的全面需求。

总的来说，从供给侧结构改革的角度来看，互联网的本质是共享。而连锁共享，在本质上也是一种新型的供给。这种新型的供给主要是以 IT 技术和互联网渠道为桥梁，实现产品、技术、品牌等资源的共享，共同受益以及协同发展。因此，充分利用连锁共享，推动供给侧改革不仅是广大消费者的需求，也是整个市场乃至整个社会健康持续发展的需要。

3. 品牌共享：成为连锁品牌的主人

品牌共享作为一种独特、有效的共享模式，是很多企业经营者借此扩大品牌知名度和美誉度，延续品牌生命，保证自身竞争优势的有效策略。

2003年6月，欧洲最大的银行瑞士银行集团，宣布将在全球范围内实行统一品牌的策略。其中包括瑞银普惠和瑞银华宝，都将划归单一的UBS品牌名下。这一宣布结果，对于整个银行业产生了很大的影响，其背后也反映出统一的、强大的品牌对于企业发展的重要性。

越来越多的品牌进行融合与统一。而这些品牌共享的背后，不仅树立了品牌的知名度，提升了品牌自身的价值、形象，并且在此基础上这种无形的品牌价值更有利于进行营销和宣传，进而形成更多的盈利点。

品牌共享是指若干家企业基于其生产的产品或提供的服务有某种相关性而共同使用同一品牌，以形成整体优势的市场竞争战略。实施这一战略对于企业来说，不仅可以提升自身品牌的知名度，优化品牌形象，同时也有利于增加自身的规模效益。

（1）品牌共享的价值点

品牌共享的价值特点主要体现在以下几点：

➢ 共享性。

共享性是品牌共享战略的核心。主要是指一些产品相关的企业共同使用同一品牌，并由此形成一个品牌联合体。对于市场中的中小企业来说，通过品牌共享能够在一定程度上突破企业规模小、资金力量薄弱、产品类型单一的限制，进而为品牌宣传和扩大知名度创造有利条件。

➢ 无偿性。

无偿性是品牌共享战略实施的前提。主要是指共享品牌的企业无偿使用原本只属于一家企业的品牌。无偿性的特点真正把品牌共享与品牌有偿使用区分开来。

➢ 产品多样性、相关性。

这一特点是品牌共享战略实施的关键。主要是指共享品牌的企业所提供的产品和服务既不能完全无关又不能相同。

比如，共用品牌的两家企业，其中一家企业的产品质量很差，消费者因信息不完全会对两家企业的产品一视同仁，得出该品牌的这类产品质量较差或一般的印象，使得由于品牌共享反而弄巧成拙。因此，产品的多样性和相关性是品牌共享战略有效实施的关键。

➢ 平等互利性。

平等互利是品牌共享战略实施的有效保障。主要是指共享品牌的各个企业为了达到共同目的所进行的求同存异的合作互利，是平等的、互利的合作关系。

（2）品牌共享的有效实施

➢ 品牌定位。

对于企业发展来说，清晰的品牌定位尤为重要。在品牌共享战略发起的前期就需要对自身品牌进行适当的市场定位和特点定位，明确该品牌的产品服务范围、品质、功能、特色、目标市场以及消费者的形象等。

反之，如果一个连锁品牌没有明确的品牌定位，就会导致共享品牌的形象不一致，市场使用行为混乱，最终使得品牌共享战略达不到预期的效果。因此，共享品牌的确立往往要比单个品牌或者是一般品牌的定位更加复杂和重要。

➢ 寻找合作者，制定协议。

主要是指寻找拥有共同目标、志同道合的企业进行合作联合，共同享用统一品牌，共同协商制定相应的协议规范。订立协议规范的目的是约束和规范企业行为。

首先，对于企业合作者的选择需要制定一定的标准和条件，然后在此基础之上选择洽谈对象，进一步确定是否成为合作伙伴。其次，对于合作企业的规模、数量需要有一定的数据把控。否则，数量太少，无法体现出品牌共享的优势，很难推动共享战略的有效实施；数量太多，也可能会导致管理失控，企业混乱等情况。此外，为预防合作中可能出现的相互竞争和种种机会主义行为，也应事先签订必要的契约和协议。因此，制定相应的协议来规范企业行为，来协助品牌共享是实现有效共享的前提。

➢ 注重品牌保护。

品牌不仅包含着企业的外在形象，更体现着企业的内在灵魂，它是企业生存的根本，是抵押在消费者信任基础上的无形资产。一旦产生不利的影响，就会失去消费者的信任，进而品牌价值就会一落千丈。

因此，对于品牌的保护是取得长久发展的关键。品牌保护主要有两种途径：一种是法律保护；另一种是形象保护。法律保护主要是通过法律手段来保护品牌形象不受侵害，如打击假冒伪劣等；形象保护包括严格监控产品质量、收集消费者意见反馈、不断完善、提升品牌形象等。

➢ 扩大影响力。

品牌共享的初衷就在于扩大影响力，赢得更广阔的发展前景。扩大影响力的主要策略就在于以品牌联合体为主，不断吸引更多优质的企业加入联合体，不断拓展自身的发展规模，壮大自身的品牌，从而获得最大化的收益。

总的来说，品牌共享很早就出现在商业领域，并且一直在为无数的企业塑造着强大的品牌帝国如宝洁、沃尔玛、可口可乐等。在未来，还会有更多的品牌凭借共享模式崛起和强大。同时，品牌共享也会成为中小企业热衷和追捧的一种商业模式，不仅帮助中小企业塑造出更加饱满、健全的品牌形象，增强受众对品牌的认知，扩大企业的影响力；而且也能够保障中小企业生存和发展以及拥有更强大而稳固的市场地位。

4. 渠道共享：规模采购，规模销售

在共享经济火热的势头之下，零售企业之间渠道共享的模式应运而生，成批量的采购、大规模的销售在整个商业世界正式拉开帷幕。这种渠道之间相辅相成、利益攸关的运营关系，给许多企业带来了更加广阔的发展前景。

创建于1987年的娃哈哈，从一家小型的代售企业逐步成长为中国的饮料巨头。这其中的制胜之道就离不开渠道的转变。娃哈哈从原本单一的营销渠道，逐步渗透到各个领域，并且为了避免中间的利益冲突，进一步将自身转变为伙伴型渠道成员的关系，谋求与渠道合作成员的共存感和合作感。

娃哈哈这种渠道之间的价值共享之道是一种较为成功的运营模式，并且随着共享经济大热，受到越来越多的企业的青睐。一方面，采用这种运营模式能够降低单个企业的生存成本，降低生存风险；另一方面，渠道共享的运营模式也能够获得更多的发展机遇，有更多的发展渠道，从而保障自身更加稳固、快速的发展。

那么，如何有效实现连锁联盟之间的渠道共享呢？

（1）统一采购渠道

统一采购渠道主要是指集团将内部的采购需求进行集中，一次性采购，再分给独立个体，这样不仅可以最大化地降低采购的成本费用，同时也有利于集团整体控制。

统一采购的“统一”功能主要体现在以下四个方面：

- 在财政预算的安排上做到统一；
- 在采购项目的委托上做到统一；
- 在采购项目的具体操作上做到统一；
- 在采购项目的调试和验收上做到统一。

根据以上四个方面的规模化、集中化的采购表现，我们可以将统一采购主要分为以下几种典型模式：

- 统一定价、分开采购；
- 统一订货、分开收货付款；
- 统一采购，后调拨。

这些统一采购不仅能够集中数量上的优势，实现更加低廉的运输成本，同时也能够减少企业内部各部门之间的竞争与冲突，形成有效的供应基地。

（2）统一销售渠道

渠道是产品或服务从厂家到终端消费者过程中的销售合作伙伴。统一销售渠道，不仅可以让整个渠道的管理、布局更加有秩序，同时也能够集中、凝聚更多的团队力量，实现有效营销。

对于一个企业来说，想要实现自身产品与竞争对手产品产生差异性，建立一套有效的渠道体系是至关重要的。而有效的渠道体系实际上就是确定统一的销售渠道。也就是说，无论是在销售渠道的布局上还是在销售渠道的管理和培养上都需要拥有统一性和共享性。

- 渠道布局（竞争分析，充分了解信息）；
- 渠道管理（秩序管理，合理分配）；
- 渠道培养（引导渠道做好公司管理，培训员工，帮渠道做大做强）；
- 促销活动（建立零售店的会员体系，定期举行促销互动，增强企业品牌的影响力）。

从渠道布局来看，共享销售渠道的前提是看清整个市场环境、有效分析竞争对手，通过销售渠道助长管理，帮助渠道快速赚钱。而对于渠道的管理，其核心是实行有秩序的管理，实现合理分配，保证企业内部各部门都各尽所能，各自发挥优势和价值。

如果将渠道布局、管理比喻成常规武器，那么渠道培养才是核心武器。渠道的培养主要是在渠道管理的基础上做好公司的管理，引导自身渠道越做越强，同时，渠道的培养还包括销售人员的培养，包括销售人员的业务能力、个人素养、专业形象、综合素质、逻辑分析、管人带人的能力等。

除此之外，销售渠道的共享还体现在销售活动和营销推广口号上的统一性，例如，如果某个连锁实体店在节假日做促销活动推广，那么最终面对销售者的应该是整个品牌连锁店的营销促销，而不是限制在某一个店铺或者是某区域的店铺。企业要把促销活动落实到终端，甚至举行零售店店员奖励和零售店奖励方式的活动，只有这样，促销活动的结果才是有最大效果的，只有这种活动的开展才能增强终端与企业的感情。

综合来讲，无论哪一种方法，最根本的目的都是掌控零售店，让更多的销售者认同产品、认同品牌、认同厂家，而不是首先认同经销商。这样一来，厂家才有把握在经销商出现问题的时候，将零售店灵活切换到其他新的渠道，进而不影响最终的销售业绩。

总而言之，站在渠道管理的角度来看，产品品牌通过对消费者的影响，进而完成整个渠道的影响。而作为经销商，其品牌只能在渠道中起到一定的作用，而对消费者产生的作用较小。因此，渠道的共享绝不仅仅是限制于经销商的认同上，同时我们还需要站在消费者的角度上，认同品牌、认同厂家，对渠道施加更加有效的影响，有效整合和统一渠道，实现自身更好更快的发展。

5. 资源共享：全面链接上下游资源

随着互联网技术的日益成熟，共享经济正在以迅雷不及掩耳之势席卷各个行业，在挖掘闲置的资源并充分利用的同时，猛烈地撼动着整个传统行业的经济结构根基。资源共享模式不仅降低了地域上的依赖，全面链接上下游资源，结成新的资源分配方式，同时也瓦解了固有的经济秩序和商业逻辑，演变出更多新的商业模式和经济形态。

对于零售业来说，这种新的商业模式、商业逻辑，同样可以借鉴到零售连锁之中。通过资源的共享，全面链接、整合上下游资源，也能够提升资源的利用率，节约成本提升竞争力。那么，连锁联盟之间如何有效实现资源共享呢？

（1）盘活闲置资源，让资源更具天赋

连锁联盟盘活资源的策略主要分为以下两种：

- 整合产业链上下游资源：全面联合产业链上下游的优势资源，以收购并购、战略合作、产业联盟等形式来实现；
- 磨平“用”与“拥”的界限：拉动大规模的商业生产，降低商品的成本，满足人们拥有商品的渴望。

综合来讲，共享经济本身就体现着高效率、复用性和创新活力，在增加和改善服务总供给的同时，使得民众的大量需求都以更低的社会成本被满足，同时这种消费升级也不以损耗资源和污染环境为代价。这些显著的社会效益和经济效益与零售业息息相关，如充电宝、书籍、雨伞等零售业的资源共享，都是一种新的创新与突破。并且在未来，随着社会发展与科学技术的成熟，还会有更多的共享资源渗透到消费者的生活中来，进而改变消费者的生活方式和消费方式，带动更多大规模的商业生产。

（2）实现资源优势互补，同步发挥资源效益

很多行业都提出资源上的整合，实现资源上的优势互补，共同为消费者提供更加便利、优质的服务，甚至在客户群、客户资源上，企业之间也能够做到充分的资源共享。对于零售企业发展而言，企业运营过程中各种资源的整合优化，重新配置，都是企业实现跨越式发展的有力工具，同时也是企业实行战略调整的重要手段。

在资源整合的过程中，是企业对不同来源、不同层次、不同结构、不同内容的资源进行识别与选择、汲取与配置、激活和有机融合。这种有机融合不仅能够使其具有较强的柔性、条理性、系统性和价值性，同时也能够同步发挥资源效益，实现整体资源的优化配置。

除此之外，实现零售业之间的资源共享也不可忽略，包括企业内部公开信息和知识，让每一个员工都能接触和使用，使企业内的资源能够得到充分全面的利用，从而提高资源的利用效率，实现资源协同效应。同时，企业还可以通过营造资源共享的空间，采用信息技术，建立资源共享文化。这不仅能够促进企业员工更新知识，创新知识，有利于减少技术研发费用，节约培训成本及技术改造成本，加快新产品的开发和产品改造，增强企业的竞争力和凝聚力，成为具有核心地位的现代型企业。

总而言之，随着中国经济的高速发展，越来越多的零售业已经进入了快速发展阶段，而“资源整合”成为企业在对外扩张中，首选的方式之一。主要原因在于资源整合不仅仅是整个工业、零售业压缩、降低成本的重要手段，也是降低消费者消费成本，满足消费者购物需求的重要策略，更是保障资源合理利用，降低污染，推动整个社会和谐生态发展的需要。

在未来，伴随着共享经济的持续火热，将会不断推动整个社会的资源共享趋势，在商业领域掀起更加重大的转变与改革。

6. 仓储共享：让货物快速流动起来

在物流管理过程中，仓储起着至关重要的协调作用，它不仅是简单的储存场所，更是物流运作中的重要一环。然而在物流产业蓬勃发展的今天，仓储管理却存在诸多问题：货物储存流通不出去；流通秩序混乱；不能满足业务发展需求，等等。据研究显示，全国仓库面积利用率平均不到40%，一些仓库长期闲置，仓储资源得不到有效利用，一些企业仓储资源匮乏，正在不断投资建设新仓库。这些因素都在制约着连锁门店的快速发展。

中粮作为零售界强大的龙头企业，该旗下拥有全国范围内大大小小的仓储运营中心。为了满足集团业务的快速扩张，公司的仓储中心数量不断快速增长，近年来，仓库资源已经远远不能满足业务发展的需求，只能不断寻求外部资源，采用租用或者是联盟的方式来解决当务之急。

然而，随着集团业务的不断扩张与多元化的发展，即便仓库的存储数量较多，也没有较为规范的仓储系统，没有针对不同类型的业务进行分门别类的规划，没有指定针对不同行业的标准服务流程，进而难以满足客户更多的服务需求。另外，各个仓储之间没有进行紧密性联合，缺乏有效联动，在团队经营的过程中频频出现矛盾和问题，大大降低了团队的工作效率。

中粮存在的问题主要分为两大方向：一是没有规范的仓储系统；二是各个仓储之间缺乏有效联动。当然，不只是中粮集团，甚至是阿里巴巴、海尔、京东、华为、李宁、中储粮等大型企业也都面临着类似的问题。

那么，如何有效解决这一问题呢？仓储物流体系架构中强调的核心就是“动”，即让货物快速流动起来。具体我们可以采用以下几种策略：

（1）规范仓储系统，实现有序流动

近年来，由于一些公司业务不断扩张，仓储资源日益匮乏，盲目乱建、乱设仓库、仓储价格无秩序、市场竞争过于激烈等现象频繁出现。与此同时，一些公司仓储资源存在大面积的闲置，得不到充分而有效的利用。即便一些不景气的工厂为了吸引客户，也是将自身的闲置资源以低价形式出租他人，严重违背了价值规律。

以上这些突出问题都是由于仓储管理水平低下，没有较为规范的仓储系统导致的。因此，想要解决企业内部的仓储问题，需要建立一定的标准、规则、流程来保证资源有条不紊地流动起来。例如，我们可以从以下几个问题来考虑：

- 货物从哪里运来？
- 货物将要流通到哪里？
- 货物具体到达是什么时候？
- 预计什么时间流动？
- 仓储中心的流动路径是怎样的？
- 仓储流动出现异常如何处理？

以上林林总总的问题，其实归纳起来，都源于没有实行“标准化”“规则化”管理。如果每个连锁门店、每个企业都能够对这些仓储信息问题进行分析，在此基础上实行流程标准化，就可以大幅降低整个运作成本，提高团队内部的工作效率，同时也能够更加快速、有针对性地处理各类常见问题。

（2）加强库存周转，实现快速转动

库存的快速周转可以帮助企业提高资源的利用率，快速将资源的“转动”转化为“金钱”，从而帮助企业获得更大的利润。正如程晓华在《制造业库存控制技巧》一书中提到的一个观点：“转”即是“赚”。“转”指的是“库存周转”；“赚”指的是“赚钱”。

然而，很多仓储物流的管理者却没能深刻地参悟这句话，他们甚至认为货物存储得越长久，得的租金越多。实际上，这些眼前的小利益正是限制企业仓储快速流动，快速发展的重要因素。

对于连锁门店来说，想要实现快速运转需要站在更长远的角度来看待问题，站在客户的角度上。通过一些方法既能够让仓储资源更加长久地停留在仓储中心，同时也能够让资金快速流动起来。比如，对仓库进行升级，成为高等级的标准认证仓库；设立权威认证，提高自身的信服力。从这些角度入手，对仓储进行升级、创新，为实现最终的快速转动做足准备。

（3）仓储信息共享，实现高效联动

很多连锁门店之所以不能够发挥出自身仓储价值的主要原因在于各个仓储中心之间没有进行有效联动，常常各自为战，所以导致整个仓储无法流动起来。

谈到仓储之间的流动，很多人难免会产生疑问，仓库与仓库之间如何联动？通常情况下，人们会想到通过信息化来解决问题，比如，通过一整套IT系统来实现仓库的联动，包括订单管理系统、仓储管理系统、物流管理系统……但是很多企业在大费周章之后，为何仍然不能够实现高效联动？这其中的根源就在于有系统，没有流程。也就是说，想要通过信息共享来实现高效联动，不仅仅需要拥有共享信息的系统，还需要拥有信息共享的流程。

那么，何为有效的共享流程？对于仓库而言，联动的核心就在于以业务需求为导向的信息共享流程。在供应链上，这些需求来源于客户，而非企业的构想。毕竟只有将仓储物流中心转变为客户供应链上的一个信息节点，企业才能够真正参与到客户供应链的体系中去，进而实现高效联动。

总的来说，就当下连锁店发展形势来看，伴随着连锁规模的不断扩张，业务量的不断增加，仓库内部没有形成有效的供应链，无法实现货物的快速、高效流动，必然会阻碍连锁店的快速发展，甚至引发一系列的问题、冲突。因此，连锁店亟须对仓库进行改善、升级，通过“有序的流动”“快速的转动”“高效的联动”等，步步加强，有效升级，让一个个静止的仓储系统“动”起来，“活”起来。

7. 利益共享：加盟者就是股东

在竞争激励的市场之中，实体店整合成新连锁，利益共享、风险共担很重要，而如果各个合作方、加盟者“同床异梦”，只共苦，不同甘，在利益面前打着各自的小算盘，那么连锁必然会连而不锁，长此以往仍会以解体告终。

在实体店的连锁中，很多连锁只是资源上的共享，形成采购与管理上的共同体，各自地盘仍旧归各自管，时间一长，内部之间难免会产生一定的矛盾与不和，这是诸多连锁实体店存在巨大隐患。

而实现真正意义上的连锁是利益共享，在前期需要通过较长时间的磨合沟通，用股份制绑在一起，形成综合利益体——确定各合作方的职责和权利，确定好各自在大连锁中的股份占比，并且合理签订各成员合作中的竞争保障协议。建立起紧密的合作关系，为新连锁的共同目标而努力，最终实现真正意义上的连锁联盟。

（1）经营管理信息化、透明化

在连锁合作中，保障沟通的透明化、保障经营管理的统一性与协调性尤为重要。这样既不会导致彼此争权夺利，也不会造成经营管理上的内耗，能够真正实现连锁的成本优化、经济效益优化，最终实现利益最大化。

连锁经营管理信息化、透明化主要体现在以下几个方面：

➢ 数据共享：数据信息公开透明；

➢ 客户共享：客户群、客户资源共享；

➢ 资源共享：采购、渠道、服务资源等多种资源共享；

➢ 管理共享：在管理模式、管理策略方案上统一；

➢ 团队共享：职业化管理团队。

从以上几个方面有效保障连锁经营管理的透明化、共享性，同时不断整合连锁加盟发展的主旋律，在整合中不断摸索，不断进化，形成各自连锁中的合作模式，打造各自连锁的商品优势、团队优势、资本优势、经营优势，最终形成连锁的核心竞争力，在市场中分得更大的蛋糕。

（2）共享加盟优势，实现利益共存

连锁加盟的意义就在于通过连锁合作实现优势互补、利益最大化。首先，我们需要明确的是共享加盟包括哪些优势：

➢ 区域保护：成为该县（市、区）唯一加盟商，享有共有品牌区域保护。

➢ 专家辅导：专家团队应用知识辅导和即时咨询。

➢ 市场帮扶：连锁运营总部与您一起开发当地客户。

➢ 共享仓储：共享仓储物流，万有物流仓储中转库快捷物流直达客户。

➢ 售后保障：连锁运营总部与供应商技术团队组成了坚强的技术服务联盟，售后服务覆盖全国。

➢ 成为股东：成为股权持有人，与企业总部融为一体，共享资源优势。

➢ 终身会员：成为终身会员，并有权申请成立当地分会。

➢ 风险规避：规避创业风险，降低创业成本，提升创业成功率。

以上优势在连锁加盟中，不论是股权，还是共同享用的某种资源，都是每一位加盟者理应拥有和得到的利益，只有这样才能保证整个连锁团队的健康、可持续发展。当然，实现优势共享的前提是加盟总部具备独特的优势，这才是吸引很多加盟者前来的重要因素。

某母婴连锁店是省内随处可见的一大品牌，作为整个省内母婴用品加盟行业中的佼佼者，必然拥有其独特的优势。在国内的中端市场中，该连锁店的规模日益强大，店铺的服务至上，母婴用品丰富且齐全，加盟服务更是好处多多，周全至上，成为全省唯一一家母婴加盟店关店率为零，转让率最低的连锁店。

让人赞不绝口是它成为无一返还加盟费的连锁店。其中主要原因就在于加盟利益的共享。通过实行可参与投资分红，总店以“加盟店的生存和盈利为前提”，总店进行市场调研，对于店面选址审核等全程开店进行专业的规划指导，加盟店再通过一段时间的培训学习和在现有门店实操，通过考核后才可以正式开店经营，最大限度地确保加盟公司的经营成功。

除此之外，总部对加盟商每月培训一次，确保经营能力的不断提升。对优秀加盟商给予现金奖励和各种季中、年中、年终福利。

作为高端母婴连锁店，凭借自身强大的品牌优势，不仅为自身获得了良好的发展场景，保障了自身的稳定发展，同时，该母婴品牌也为各个加盟店提供了丰厚的分红、福利共享，也为加盟店提供自身的技术支持、培训指导以及实际的门店操作等诸多优势共享，从而真正实现了加盟店与总店之间的利益共享。

因此，对于连锁店来说，整合出一套优质的与加盟者实现互惠共赢的利益共享模式尤为重要，这不仅能够吸引更多的战略伙伴参与合作加盟，拓展品牌规模，同时也能够帮助更多的合作加盟者盈利，扩大整个连锁品牌的影响力。

总而言之，利益共享是连锁店扩大发展规模，增强品牌影响力的有效前提。而连锁总部作为一个主导者理应发挥核心性的引导作用，在经营管理过程中，应该努力实现管理透明化、公开化，让每一个加盟者都能够看到连锁的发展优势以及内部信息，充分享受到自身的权益，从而形成有效的连锁合作模式。

8. 风险共担：所有加盟店共担风险

对于连锁联盟企业来说，随着加盟店的不断增多，竞争环境的恶化，越来越多的问题浮出水面，越来越多的风险，都在阻碍和制约着连锁企业的发展。可以说，真正考验连锁企业是否具备共担风险的决心与共担风险的能力的时候已经到来。

然而，在庞大的市场环境中，加盟者“同甘不共苦”；在风险来临时打着单飞的“小算盘”，在加盟总部处于“瓶颈”期时坐视不管……种种不愿共担风险的现象早已屡见不鲜。实际上，无论是连锁门店总部还是各个门店，不能共同承担风险，不能抱团取暖，都在一定程度上消耗着品牌的生命力，侵蚀着强大品牌的战斗性和竞争力，甚至会阻碍整个连锁品牌的长远发展。所以，对于连锁品牌而言，想要实现更加长足、稳定的发展就需要加强所有门店共担风险的能力，以至于在困境和风险来临时，能够做到临危不乱，合理应对。

（1）提高共同抗风险意识

所有行为背后的动机都源于最开始的意识。对于连锁品牌而言，如果一开始就对加盟店灌输共同分享利益，共同承担风险的意识，那么加盟者共担风险的意识就会大大加强。在品牌经营过程中，出现风险的情况远远小于正常经营的情况，所以，很多连锁品牌在管理的过程中，经常容易忽略提高共担风险意识这一环节。

实际上，在品牌成立的开始我们就需要着手加强风险意识，比如，在加盟条件中明文规定，愿意承担风险者才有资格加入；订立奖惩制度，对于积极性强的、愿意承担责任的加盟者进行鼓励，对于表现不好的进行惩罚。同时，加盟总部需要起到核心和引导作用，积极承担责任，积极出谋划策，显示出主导价值，进而带领整个连锁品牌更好、更快的发展。

（2）对风险进行提前预测，加强抗风险能力

面对风险，很多加盟店之所以选择逃避，不愿承担的主要原因就在于，对风险存在无预知的恐惧，他们认为风险是庞大的、带有毁灭性的，认为风险是难以操控和抗拒的。最终这种强大的恐惧导致很多加盟者不愿意面对和承担风险。而这些难以预知的恐惧感，恰恰又来源于加盟总部缺乏对于品牌风险的预测，缺乏对于品牌风险的解决策略指导，使得整个加盟团队没有抗风险的底气与能力。

如何加强抗风险能力？对于风险预知和准备，实际上就是考验未雨绸缪的能力。一方面，需要对同行业、同品牌的风险案例进行提前分析，这样便于做好充分的心理准备，同时也能够从风险案例中寻找解决问题、克服风险的答案和策略，以便在风险来临时，能够坦然面对。

另一方面，加盟总部需要定期对加盟店进行培训指导，增强专业知识水平、加强技术能力，在一定程度上避免或降低品牌的风险率。同时，也可以适当地下放权力，给加盟店展现能力以及解决问题的机会，不断培养加盟店的生存能力和竞争能力。

（3）提高品牌信誉能力，打造金字招牌

一个品牌的强大，往往如同一棵大树，不仅能够给加盟店遮风挡雨，同时也能够给加盟店安全感和信任感，让加盟店愿意团结一心，共同守护和支撑品牌。

网络上很流行的一句话“买铺就要傍大款，投资跟着万达走”！万达作为强大的连锁品牌，受到很多加盟、投资者的热衷和追捧。这背后的主要原因就源于万达给予加盟者的安全感和自信心。

万达集团在担任开发商的同时也是业主本身，作为真正的大业主，万达在确保财富增值的同时，也与各个业主之间风险共担。万达传递的理念是，千万不能光想着挣钱，而把风险抛在脑后，做任何事情都应该把风险控制放在第一位，这样才能保障持续稳定的旺场能力。

万达作为加盟者心中的“参天大树”，不仅是加盟者的“避风港”，为其遮风挡雨，同时也是整个品牌的中流砥柱，为整个品牌树立强大的威信，成为商业领域的“金字招牌”，即使面临风险和困境，也能够依靠品牌的强大以及品牌的信誉来支撑加盟者共同面对风险，真正使得整个品牌战无不胜，坚不可摧。

而对于市场中那些中小品牌而言，不具备万达这种龙头品牌的优势，自然不能实现风险共担。事实上，这种想法是错误的，因为每一个强大品牌的开始，都源于单个的、不知名的小品牌作为起步，即便是今天这样庞大的万达产业，起初也是由一个不知名的小品牌发展而来的。所以，一个品牌的高低不完全取决于起点，而是取决于该品牌是否具有承担风险的能力，是否具有“金字品牌”的潜质。

总而言之，在竞争激烈的市场之中，一个连锁品牌在利益共享的同时，也意味着风险共担。连锁加盟的实质就是联合、合作、抱团取暖，而合作的基础是源于信任，源于利益共享，风险共担。只有拥有能够共同进步，共同抗衡的连锁品牌，才能实现真正意义上的“连”“锁”，才能更加长久地、平稳地生存在市场之中。

第五章

协同发展：实体店联盟运营体系

伴随着协同经济的出现，实体店运营迎来了新的发展方向，其中主要应用包括品牌协同、管理协同、分工协同、技术协同、办公协同、监控协同、市场协同、售后协同等。这些贯穿实体零售领域的多方面发展的协同，正在帮助实体店建立更强大的联盟，打造更加完善的生态系统，对于实体店的发展来说，起着至关重要的促进和推动作用。

1. 品牌协同：独家性，唯一性，排他性

现在的社会，品牌越来越被商家所青睐，一个知名品牌往往可以为商家带来巨大的顾客源和收益。而对于实体连锁联盟店来说，品牌的作用就更加重要，它是运营体系中的重要一环。

品牌协同要求实体店连锁联盟的门店互相帮助、互相协作，共同树立一个稳固的、知名的、可以在消费者心中留下印记的品牌。只有这样，顾客才会被品牌吸引走进店里，实体店的运营才会变得顺畅。对于实体店而言，想要做好品牌协同并非易事，具体需要遵循以下三点：

（1）品牌独家性

当消费者在实体店购物时，面对两件在功能、包装、价格方面都很相似的商品，其中一件是非常常见的、在其他实体店也能够买到的常见商品，而另一种则是只有在这个实体店才能买到的独家商品。试问，消费者会选择哪一个商品？答案自然是选择独家商品，这就是品牌的独家性。

如何做到品牌的独家性？这就要求实体店联盟互相进行品牌协同，互相联合，推出一个全新的品牌，形成实体店联盟共有的“独家品牌”。这样一来，当消费者看到这些“独家品牌”的时候，无论是对它们的名字还是背景都会有似曾相识的感觉，最终他们会因为好奇心，心动地掏钱买下这些商品。

除此之外，品牌的独家性还意味着这个品牌只在这一个实体连锁店销售，在别的实体店连锁店没有，独一份，因此给人以“物以稀为贵”的感觉，消费者为了在亲朋好友面前炫耀，或者为了商品稀有的原因都会选择购买“独家品牌”。

对于实体店而言，一旦品牌拥有了独家性的特点，就意味着能够吸引更多的消费者，意味着自身在市场环境中占据着较大的优势，并且对于自身的稳定运营，也起着强大的保障和推动作用。

2017 年 9 月初，美国著名的家居百货实体连锁店 Macy's 宣布推出以家政女皇、被誉为“美国生活大师”的 Martha Stewart 设计的独家品牌 Martha Stewart Collection。该系列包括床上用品、沐浴用品以及厨具，设计来自 Martha Stewart 的个人灵感，也是她为 Macy's 独家设计的。这就表示，你在别处根本买不到这些富有情趣、有着强烈 Martha Stewart 个人特色的产品。“新的 Martha Stewart Collection 令 Macy's 家居系列提升到一个新的层次，” Macy's Home Store 的主席兼 CEO Tim Adams 表示，“这个系列有着纯粹的 Martha 个人风格，融合了她对色彩、经典款以及多样的灵感的洞察，这一切都让这个品牌变得与众不同。正是这些因素为我们的百货带来真正的提升以及独特性。”

不难看出，Macy' s 通过和 Martha Stewart 的品牌协同，强强联合，推出了独家品牌。而这也吸引了大量的年轻女性来购买商品，Macy's 成功地让自己旗下的连锁门店有了品牌的独家性，在竞争中脱颖而出，获得了大量的利润。

（2）品牌的唯一性

在实体业中，有一些品牌存在很多年仍然屹立不倒，而有一些品牌，可能刚出现的时候知名度还挺高，但是渐渐地，消费者就再也没有见过它们了。之所以造成这种差异，主要原因就在于品牌唯一性的差别。

很多强大的品牌长久地立于市场之中主要源于自身品牌的独特性、唯一性，这些不可代替的特性同时也是品牌所具备的优势，能够让品牌在庞大的市场之中成为佼佼者，拥有强大的生命力。

如何有效建立品牌的唯一性？这就要求实体店联盟要相互协同，一旦品牌确定下来了，不管业务做何种变动，不管何时何地都要坚持原来的品牌，保证品牌是唯一的，不会随意地更改。毕竟一个品牌建立后，消费者需要花很长时间慢慢地接受这个品牌，将它当成连锁门店的一个符号。如果这个品牌做得好，消费者还会对这个品牌抱有很深的感情，对品牌很信任。

例如，一家刚开业的实体加盟店，即便是新开的，但因为其品牌知名，已经深入人心，消费者的心中天然地就会对其有好感和信任而愿意进去消费。如果这个品牌能够持续下去，就会在越来越多的消费者心中留下印象，品牌的影响力就会越来越大，实体店联盟的运营也会因为唯一品牌的效应而越来越好。

反之，如果品牌不是唯一的，经常随意换取，就会导致实体店根本没有时间去积累人气，也难以在消费者心中形成长期、稳固的品牌印象。因此，品牌唯一性的协同对于实体店联盟长远的运营起着重要的作用。

（3）品牌的排他性

品牌的排他性主要是要求连锁联盟的品牌不能够在其他的产品上使用，品牌要有自己突出的特点，独一无二的个性，让消费者认同、接受和喜爱。这样，不仅能够有效排除其他干扰因素，避免自身品牌与其他品牌混淆，同时才能够稳固地占领市场，放大自身品牌的光彩。

而对于实体店而言，想要让品牌做到排他性，可以通过以下几点来实现：

- 首先，实体连锁联盟就要从各方面入手，打造比竞争者更能够满足消费者和适应市场需求的品牌产品，引导消费者购买自己的商品，占领市场份额，让联盟不断壮大。
- 其次，品牌的排他性抢占市场要有法律约束和正确的道德观支撑。
- 最后，维护整个市场环境，形成良好的经济循环，避免出现没有约束、市场混乱的情况，进而让品牌得到健康成长。

总的来说，实体店联盟想要运营好，首先就要进行品牌的协同，将品牌做到具有独家性、唯一性和排他性。这样，品牌才能够健康地成长，为连锁联盟的发展壮大注入活力和升级，让实体店联盟的运营稳步前进，越做越好。

2. 管理协同：统一运营提升实体店品质

对于一家品牌连锁公司来说，其下属的品牌连锁门店数量有很多，这些门店星罗棋布地分布在不同的地方，给管理造成了很大的麻烦。很多消费者在去一家品牌连锁门店时，经常会发现，这个地方的品牌连锁门店和另一个地方相同品牌的连锁门店有很多地方不同。而往往这些不同会让消费者对这家店产生怀疑，进而对整个连锁品牌产生怀疑。因此，实体连锁门店联盟在运营中一定要注意每家门店的管理协同，做到统一运营来提升实体店的品质。

品牌连锁门店的统一管理和运营要求在这个品牌下的每一家门店都要有一套标准化的，在所有门店都要统一的形式。这样才能够让所有的连锁门店围绕着连锁公司运转，实体连锁联盟的运营才能够稳定进行。当连锁门店发生问题的时候，因为运营是统一的，连锁公司就可以快速又简单地将问题解决，从而提高连锁运营的效率，让实体连锁联盟发展得更好。

如何帮助连锁门店统一运营，提升实体店品质？

（1）统一店面形象

店面形象对于一家实体店来说，相当于一个人的“颜值”，它能够给消费者带来最直观的感受。对于消费者而言，在同一品牌的连锁门店中，往往会存在店面形象不同的情况。而形象的不同会在一定程度上降低品牌的影响力，直接损害实体店的利益。

例如，某连锁品牌的标识是人物图像，主要是以一位贤惠家庭主妇人像为重点，面带友善笑容的人物画像，凸显其好客热情的性格，红色的围裙以及红色的品牌商标，不但具有视觉感染力，亦可提升食欲，传达更贴切的品牌讯息。

然而，某实体加盟店在新店装修时，忽略了品牌标识的重要性，没有对品牌标识做统一设计，误将红色的围裙以粉红色代替，并且店内的陈设也与连锁总部、其他连锁店之间存在细微的差异，最终这种差异性不仅让消费者产生一种虚假、“冒牌”的感觉，而且让消费者很难产生信任感和归属感。

因此，一个品牌的连锁公司，它旗下的实体连锁门店联盟首先要做到统一店面形象。店面形象的统一也就是要求同一个品牌的所有连锁门店在装修、设计上的风格都是统一的。这样，一旦连锁店形成了属于这个品牌联盟的特有形象风格，消费者不管走进哪一家品牌连锁门店，都会清楚这是什么品牌的连锁门店，并对这个品牌留下深刻的印象。

除此之外，统一的店面形象不需要连锁店花费人力和财力去设计新的店面形象，不仅能够降低开连锁店的成本，同时也会减少装修的时间。所以，品牌连锁公司在建立初期或者是在经营过程中，有必要设计出一套适用于所有连锁门店的标准店面形象，然后推广出去，让所有品牌连锁门店都按照统一的店面形象装修。如果有新加盟的实体连锁店，连锁公司还可以给予一部分的补贴，来吸引连锁门店按照统一的店面形象装修。

（2）统一宣传口径

宣传是每一家门店都需要做的事，对于实体连锁联盟店来说，宣传口径是必须要统一的，不然会让消费者对实体门店的品质产生怀疑。比如，一家品牌连锁门店宣传，今天的商品打八折，而另一家相同品牌的连锁门店则宣传，今天的商品打六折。那么，这种不统一的宣传口径，会导致消费者都选择打六折的连锁门店，导致连锁门店之间的发展不平衡。

因此，品牌连锁公司要制定统一的宣传口号。让每一家连锁门店的宣传口号都是一样的，不会出现五花八门的宣传口号，这样才能保证各个连锁店之间的平衡、公平发展。

具体可以从以下途径来制定统一的宣传口径：

- 规范宣传口径，立下制度，不准下面的品牌连锁门店私自进行活动宣传。
- 要由连锁店总部统一制定宣传方案。
- 统一对所有的连锁门店进行传达，要求他们按照宣传方案统一进行宣传。

保持宣传口径的一致性，坚持所有的连锁门店都是一样的宣传原则，避免混乱的情况。这样一来，消费者也不会因此而有什么想法，实体连锁门店的品质也会得到相应的提高。

（3）统一产品采购

产品是品牌连锁门店最重要的一个方面，产品的好坏决定着这个实体连锁联盟品质的好坏。因此，产品的采购是重中之重，一定要做到统一，这样，才可以防止连锁门店自己采购产品时遇到假冒劣质产品，对消费者产生伤害和误解。

因为消费者一旦在一家品牌连锁门店买到了假冒劣质产品，他们不会只对这一家连锁门店的品质产生怀疑，而是会对所有的连锁门店包括这个品牌的品质产生怀疑。最终，可能就因为一家品牌连锁门店的品质问题而导致品牌品质受损，消费者信任度下降，让实体连锁联盟的运营受挫。

因此，品牌连锁公司要做到由公司统一采购产品，打上防伪标签，然后再向下面的品牌连锁门店逐一分配。这样，品牌连锁门店就不需要自己再去专门购买产品，就可以从源头上杜绝出现假冒伪劣产品。消费者就不会再购买到假冒劣质的产品，对于实体连锁联盟的品质是一种大大的提升。

总的来说，实体连锁联盟的统一运营就是需要做到统一店面形象，统一宣传口径，统一产品采购，一步一步提升实体店的品质，在消费者面前形成统一的形象，让消费者可以更好地识别品牌，相信实体连锁联盟的品质，连锁联盟才能够将连锁门店的力量凝聚到一起。而放任发展，像一盘散沙一样，就难以凝聚和发挥品牌的整体力量。

3. 分工协同：精细分工，专业化运作

实体连锁联盟的运营一直是复杂而烦琐的，它的体系庞大，涉及多个方面，包括采购、配送、库存、销售、宣传、培训、策划等。任何一个方面做得不好都会造成整个实体连锁联盟运营的失败，因此，想要运营好所有连锁门店，就要进行分工协同，做到精细分工，专业化运作。

实体连锁联盟的精细分工，专业化运作要求实体连锁联盟在运营过程中，要把包含的所有涉及的方面和职能分解成一个个互相独立的个体。也就是将采购、配送、库存、销售、宣传、培训、策划等方面分解为一个个独立的个体，然后将其一个个地进行专业化的运作，品牌连锁公司和品牌连锁门店也要按照其不同的功能进行精细分工。最后将这些有机地组合在一起，就可以形成一个高度集中的运营体系。这样，精细分工，专业化运作可以将实体连锁联盟原本复杂的各个方面尽可能细化，提高其专业化程度，每一个方面的员工都只要完成属于这个方面的简单工作就行了，不需要再去想其他的方面，从而让每一个方面都像机器上的零部件一样，都有专业的人员进行精细的分工，环环相扣，最终形成一个完整复杂又精密的运营，从而提高实体连锁联盟的运营效率，让连锁公司处理所有连锁门店事物的能力提升，让连锁门店的经营成本下降。这样，就可以让连锁门店其他方面做得更好，让实体连锁联盟运营得更好。那么，如何做到精细分

工，专业化运作呢？

著名管理学家泰勒在《科学管理原理》一书中提出，要进行精细分工，专业化运作有四点要求：

- 明确科学的工作方法；
- 按照需求合理地选择员工；
- 对员工进行培训和教育；
- 责任由所有人共同承担。

（1）明确科学的工作方法

要做到精细分工，专业化运作，首先就要明确科学有效的一套工作方法。也就是要知道如何进行实体连锁联盟的工作，品牌连锁公司要怎么做，品牌连锁门店要怎么做。一般来说，品牌连锁公司下面会有很多品牌连锁门店，连锁公司先是进行产品的采购，接着将产品贴上防伪标签，确认是优质产品，不是假冒伪劣产品后。将采购的产品进行库存，然后集中配送给旗下的一家家连锁门店。

对于连锁店而言，在收到产品之前会进行策划，例如，产品要如何卖？怎么卖利润最大？接着在分析的基础上，门店的管理者再决定采用哪一种方案，继而进行一系列的宣传，如采用打广告等方式，最后将产品上架销售。总之，只有明确了科学的工作方法，实体连锁联盟才知道如何去做，而不是一脸茫然，不知所措。

（2）按照需求合理地选择员工

在掌握科学有效的工作方法之后，对于实体连锁联盟各个方面的员工就需要连锁公司来按照需求合理地选择员工，也就是要做到精细分工。

例如：

- 销售方面就可以安排能说会道，性格比较外向的员工来担任；
- 采购产品、库存、配送方面就可以安排比较细心，对价格比较敏感的员工去做；

➢ 对于策划，决策就需要果断，有想法的员工去做。

将擅长某一个方面的员工安排到适合他们的岗位，“人得其位，位得其人”，让他们尽情施展自己的才能，也可以通过精细分工，让连锁公司和连锁门店只负责自己的那一块，避免造成实体连锁联盟的混乱。精细分工需要注意将员工的工作要做什么，每一步都详细地告诉员工，精准细致地让员工明白自己要做的工作。与此同时，还要将连锁公司和连锁门店的工作分配清楚，让他们知道自己应该负责的业务范围，不要让两者之间互相插手，干涉对方的工作。

（3）对员工进行培训和教育

在选择了正确的员工之后，有的员工还存在不是很明白工作如何做，导致工作效率低下的情况，这时，就需要员工做到专业化运作。也就是要对员工进行培训和教育，重点是让员工知道自己负责的这个方面的工作该如何做，这就需要连锁公司的管理者对公司的员工以及下面连锁门店的员工进行定期的培训。

例如，管理者可以请一些老师来给员工进行培训，教授员工专业的知识和技能，或者是让一些技术熟练的老员工来对技术不熟练的员工进行培训和教育，再或者是连锁门店的管理者亲自给自己门店的员工进行培训，教授他们专业的知识和技能。

通过定期的培训和复盘，在员工知道了自己负责的工作该如何操作后，就可以熟练地进行工作，提升自身的工作效率和业务水平，真正实现专业化运作。

（4）责任由所有人共同承担

在对员工进行精细分工，让员工专业化运作后，还要做到如果出了什么情况，责任则由管理者和员工共同承担。因为实体连锁联盟是一个整体，如果发生了什么意外或是突发情况，管理者只顾自己，将过失归咎于员工，只会让员工心寒。这样，精细分工，专业化运作就不可能存在了。所以，当企业发生突发情况，管理者和员工没有分工，只有共同承担责任，才会让员工对实体连锁联盟死心塌地，才有精细分工，专业化运作。

总的来说，实体连锁联盟是复杂庞大的，只有做到精细分工，让员工在精细分配的工作中进行专业的运作，才能够将实体连锁联盟工作过程分解成一环又一环，杂而不乱地联结在一起，形成一个整体来转动，从而让实体连锁联盟运营得更加稳定。

4. 技术协同：业内顶尖专家提供技术支持

在这个日新月异，高速发展的时代，对于实体连锁联盟来说，如果还是单纯依靠原来落后的技术进行管理的话，面对着越来越复杂多变的市场环境，已经不足以支撑实体店更加长久地发展。因此，新的技术就成了实体连锁联盟运营的关键，而这就需要做到技术协同，同时邀请业内顶尖专家提供技术支持。

这个新的技术就是信息化技术，一般来说，连锁经营包含连锁公司和连锁门店两方面的运营，其中有连锁门店人流、信息流，连锁公司物流、资金流等方面的内容。这些在原来落后的技术中运营是很麻烦和臃肿的，而运用信息技术，依靠现代化的管理工具就可以大大地提高实体连锁联盟的经营效率，让实体连锁联盟加快发展。

连锁公司可以为连锁门店提供技术支持，邀请一些业内的顶尖专家来帮助连锁门店学习信息化技术，进行技术的更新换代。这样，首先，运用信息技术，连锁公司就可以快速地处理所有连锁门店每天庞大的数据信息，将各种数据信息进行汇总统计，最终形成公司管理者需要的简单信息。

为此，连锁公司的管理者就可以更加轻松地随时掌握连锁门店的运营情况，不用再为繁杂的信息所烦恼。其次，运用现代信息技术，连锁公司就可以随时掌握采购、库存、运输、配送给连锁门店各方面的实时情况。

连锁门店也可以运用现代信息技术对产品销售、策划，员工的考核来进行快速的处理。连锁公司再将每个连锁门店的信息系统，包括运营过程中各个方面的信息系统和公司的信息系统连接起来，形成一个巨大的网络。这样，实体连锁联盟的运营就一目了然，清晰可见，信息技术就能够帮助其提高效率，简化操作，运营得更好。

那么，如何有效利用技术协同呢？

（1）物流配送和管理信息化技术

当连锁公司采购了货物，进行库存，储存进仓库后，仓库的物流就承担了给连锁门店包括加盟店提供产品的作用，这时就需要物流配送和管理技术。一般物流配送技术会有一个物流配送系统，专门用来向各个连锁门店提供配送信息，然后根据连锁门店需要货物的信息以及配送的能力，智能地发出配送的指令，进行配送。

除此之外，物流管理技术也有一个专门的物流管理系统，为了不出现连锁门店的信息不能够被及时地收集、整体和发布，导致产品在仓库里积压，造成损失的情况，物流管理系统要时时监视仓库产品，这样不仅能够加快产品的流通，帮助连锁公司掌握物流配送情况，同时也能够减少库存堆积，提高资金的利用率。

（2）CRM 客户关系信息管理技术

CRM 客户关系信息管理技术一般运用于连锁门店内，这个技术是以消费者为中心，专门用来记录在和消费者接触时，所发生的各种行为和状态的数据。将这些数据组成模型，形成一个消费者数据库进行管理，为之后对消费者的分析和判断提供数据支持。

一般来说，CRM 客户关系信息管理技术需要注意以下几点：

➢ 注意新客户变成老客户的过程，以及与老客户关系维护的每一个细节。

➢ 注意CRM客户关系信息管理技术要与连锁门店的策划、推广、销售等多个部门进行业务信息共享和对接。

➢ 注意通过CRM客户关系信息管理技术来优化每一个细节，更好地减少客户的流失和运营的成本。

➢ 注意消费者数据的收集，包括：行业特征、信用、第一印象、消费的力度和习惯等。

熟练掌握并利用 CRM 客户关系信息管理技术，不仅能够帮助连锁门店更好地获得消费者，保留消费者，提升消费者对连锁门店的满意度和忠诚度，最终也能够实现连锁门店的效益的变好和利润的增长。

（3）消费者订货信息技术

消费者订货信息技术是给品牌连锁门店搭建一个电子交易平台，通过这个交易平台，消费者可以在实体连锁店里订货，然后进行网上付款。这样一来，不仅可以提高这个连锁品牌的形象和知名度，扩大产品的配送量，增加连锁门店的生意，与此同时，消费者订货信息技术也让产品不再局限于连锁门店内，而是可以走向更广阔的天地，让实体连锁联盟运营得更好。

（4）连锁公司信息管理技术

连锁公司信息管理技术一般运用于管理着所有连锁门店的连锁公司总部，它可以让连锁公司实现完全的信息化管理和监控。

比如，对连锁公司的业务中采购产品方面的流程进行监控，掌握采购的全面信息，可以杜绝出现一些不好的行为。又如，对所有的连锁门店要时时进行业务监控和管理，这样有利于高层的领导者掌握更加全面的信息，制订未来的统一计划和决策。不会再像原来技术不行时实体连锁联盟松散，连锁公司和连锁门店的数据交流困难。

除了这些作用，连锁公司信息管理技术还发挥着以下几个方面的重要作用：

➢ 为连锁门店的发展提供大数据等发展基础。

➢ 提供数据分析，提高商业智能分析的能力，帮助领导者更有效地进行决策。

➢ 提高连锁公司信息管理技术下连锁公司员工的素质。

➢ 提高连锁公司作为总部的系统数据分析，可以及时地知道哪些连锁门店需要补货，哪些连锁门店货源充足甚至多出，这样就可以提高资金的利用率，提高实体连锁联盟的工作效率。

总的来说，技术是实体连锁联盟想要运营好的保障，连锁公司必须要通过找业内顶尖专家和自己内部和连锁门店共同研发技术来提供技术的支持。只有这样，才可以将新的技术运用到连锁门店以及实体连锁联盟的方方面面，跟上时代的脚步，运用优秀的技术帮助实体连锁联盟更好更快地运营。

5. 办公协同：打造连锁联盟生态系统

如今，越来越多的人开始选择在互联网上购物，相对来说，去实体店购物的人数就越来越少，这不仅导致单个实体店的发展举步维艰，生意越来越难做，同时也给实体连锁联盟带来了巨大的压力。所以说，在新零售越来越火爆的背景之下，实体连锁联盟想要运营得更好，在运营体系中就需要做到办公协同，打造连锁联盟生态系统。

在实体店中，员工每一天的工作就是坐在店中等着顾客来，顾客来得多了，生意自然就会好，顾客来得少了，生意也就不行。但是网上购物却是商家主动地将产品的信息推销出去，顾客很方便地就看到了在实体店很难看到的信息，包括商家的信息，商品的生产过程、原材料、产地、和别的同类产品的对比等。并且网上购物还比实体店方便，这样，实体店的客流自然就会大大缩减。

因此，对于实体连锁联盟来说，需要进行内部优化升级，对传统的经营模式进行重新整顿和调整。摒弃以往各干各的传统，每一个门店员工的工作都要相互协同，打造实体店的长处和移动购物优势相结合的连锁联盟生态系统。例如，像沃尔玛一样的一些国际品牌已经打造了属于自身的连锁联盟生态系统。这种连锁联盟的生态系统无论是对于整个品牌还是对于整个行业发展来说，都是一种健康、强大、值得推行的经营模式，那么如何有效打造连锁生态系统？具体而言，我们可以从以下几点来考虑：

（1）拥有自己的网络店铺，和实体店进行联结

实体连锁联盟必须要有属于自己的一家网络商店，并且将网络商店和每一家实体连锁联盟旗下的实体连锁门店进行联结，这是打造连锁联盟生态系统的基础。

据调查，在中国78%的消费者都在网上购物时质疑网上所售商品的真伪而心中不安，70%的消费者都希望在购买商品之前可以检查和体验产品，来辨别产品的真伪和好坏，还有48%的购物者担心他们收到的产品会与网上显示他们看中的产品不同。

所以，当网上商店与连锁门店相结合的时候，对于消费者来说就是一种全新的购物体验。员工也不需要一直待在实体店里等待客人，到了下班时间，员工也可以在网上商店进行销售，来提高销售业绩。这样，就可以打造出连锁联盟的生态系统，循环发展。让连锁门店充满勃勃生机，实体连锁联盟的运营变好。实体连锁门店可以在自家店内显眼的地方，比如，在门店门口或者门店的货架上贴上实体连锁联盟网上商店的二维码。这样，顾客只要扫描二维码就可以进入实体连锁联盟的网上商店，在网上商店里购物，连锁门店会将商品送到家。

（2）进行数据分析，调整产品的销售

想要实现快速、高效率的发展，实体连锁联盟需要及时地对顾客进行大数据的分析，根据分析出来的结果来调整连锁门店产品的销售，减少资源浪费，提高连锁联盟的运营效率。

具体而言，我们可以从以下几个策略来深入分析：

➢ 将实体连锁联盟旗下的每一家连锁门店的员工工作中所收集的数据进行汇总整合，齐心合力地完成数据分析。

➢ 员工可以在顾客买东西的时候将顾客的购买信息记下来，然后收集整理，看看哪个产品卖得好，哪个产品卖得差。

➢ 根据数据分析结果向连锁公司合理申请调配该连锁门店的产品备货数量。

➢ 员工还可以定期在自家网上商店或者自家的自媒体上做产品调查，来收集用户对购买产品的评价和建议，对推出的新产品的需求和想法，对产品一些细节的想法和建议。

➢ 将这些数据上交连锁公司，让连锁公司对数据进行整合分析，之后对产品进行升级改进和对新产品的研发。

➢ 在网上商店对顾客进行新产品预订服务，根据顾客预订的数量来决定新产品的生产数量以及销售的价格，以防止资源浪费。

除此之外，为了让顾客愿意接受产品调查工作，连锁门店还可以给予一些额外的奖励，比如，建议提的对于门店来说最有用的前三位顾客可以获得一件新产品。这样，不仅可以激励顾客主动地进行调查，将自己心中的想法分享出来，还给新产品做了广告。

（3）打造“小生态系统”服务

实体连锁联盟旗下有很多品牌连锁门店，这些品牌连锁门店分布在城市的各个地方，都有属于自己那一片地方的销售范围。因此，每一家品牌连锁门店就可以将属于自己那一片地方的销售范围给圈起来，打造出一个“小生态系统”。在这个“小生态系统”中，连锁门店可以发展网上商店营销或者散单团购，在这个小的生活圈子里就可以让门店的口碑迅速传播，提高门店的名声和人流量，增长门店的销售效益。然后在此基础之上，将一个个连锁门店的“小生态系统”进行联合，就打造出了连锁联盟的生态系统。

总的来说，实体连锁联盟必须要打造连锁联盟的生态系统，对实体店和网上商店要两手抓，互相融合。让实体连锁门店不再是单纯地销售商品，而是变成更有深度的、体验式的服务。让顾客在实体连锁门店不仅是买产品，还能够承载顾客对产品的体验和理解。这样，才能让实体连锁联盟运营得更好。

6. 监控协同：质量监控，拒绝假货

产品的质量安全，一直是消费者心中最关注和担心的方面，所有的消费者都希望在买东西时买到真货，而害怕买到假货。对于实体连锁联盟来说，产品的质量安全也是重中之重。一旦品牌连锁门店中产品的质量出现了问题，即便是只有一件商品出现质量安全问题，是假货，也会让消费者对品牌连锁门店失去信任，觉得在这里消费质量没有保障，而选择到其他的品牌连锁门店去消费。甚至还会让有些消费者对连锁门店的品牌产生怀疑，从而牵连所有的连锁门店，消费者不仅不去买到假货的那一家品牌连锁门店，而且同一品牌下的所有连锁门店都不会再去消费。因此，实体连锁联盟想要运营下去，在运营体系中就要做到监控协同，对所提供的服务或产品的质量进行监控，拒绝假货。

同一品牌下的所有连锁门店都要进行质量监控，将产品质量监控的网络进行链接，一旦在哪一家连锁门店内发现了产品质量安全有问题，那么，这一家连锁门店就要通报所有的连锁门店，让所有的连锁门店都对出现质量安全的问题这一种产品进行质量检查，防患于未然。这样，品牌连锁门店没有假货，就会让消费者对品牌连锁门店充满信任，觉得这里的产品质量有保障，潜意识里就会信任连锁门店的品牌，进而多多光顾有这个品牌的连锁门店，保障实体连锁联盟运营得更好。那么，如何有效对产品质量进行监控呢？

（1）执行标准，达标入库

连锁公司在对产品进行大规模买进的时候，首先要严格地执行国际级标准来对产品的质量一项一项地进行检测。要注意的是，在对产品进行质量检测的时候还要用专业的，专门用来检测产品质量安全的检测设备，而不是一些简陋的装备。

首先，在对产品进行质量检测后，合格的产品要进行记录，然后就可以进行库存，而不合格的产品也就是假货，一定要拒绝入库，然后退还给生产厂家，不能让一件假货进入仓库中。

其次，连锁公司在将检测过的，合格的产品分配给下面的连锁门店后，连锁门店要对这些产品严格执行国际级标准进行第二次检测。检测的时候也要用专业的设备，在检测出来这些产品没有质量安全隐患，是真货后，就可以上架对顾客销售。

如果经过检测发现这些产品存在质量安全问题，就要将有质量安全问题的那一部分产品退给连锁公司，让连锁公司解决，剩下的没有质量安全问题的产品就可以上架对顾客进行销售。

最后，严格地按照整个流程规范运行，执行国际级标准对产品质量进行监控，只有达标的产品才能入库，这样才能最大限度地减少假货和劣质产品，进而保障消费者的权益。

（2）和国际顶尖品牌共线生产

想要让自己的产品质量有保证，让消费者信任自家的产品质量，连锁公司在生产产品的时候可以和一些国际顶尖品牌共线生产，也就是和这些国际顶尖品牌共用一条生产线。

从某种程度上来说，很多国际顶尖品牌之所以拥有强大稳固的品牌力量以及良好的发展前景，其主要原因在于顶尖品牌的信誉强，都是按照国际标准来生产，产品质量也是有目共睹的。并且，国际顶尖品牌的名声很大，消费者对这些品牌都很信任，相信这些品牌生产的产品没有假货。

因此，如果连锁公司可以和这些国际顶尖品牌进行合作，共线生产自家的产品，就可以更好地对产品的质量进行监控，保证产品的质量安全，杜绝出现假货的情况。在将产品分配给连锁门店进行销售时，也可以借助国际顶尖品牌的影响力，让消费者知道这些产品是和国际顶尖品牌共线生产的，自然潜意识里就会对这些产品产生信任，保障整个连锁品牌走得更加久远。

（3）员工管理，无假冒产品是核心价值

对于实体连锁联盟来说，产品的操作都是员工们完成的，包括员工进货、库存、销售等。对于连锁店来说，想要保证产品的质量安全，就要对员工进行教导，让员工可以在操作过程中对产品的质量进行严格把关。避免出现员工工作懈怠，而导致产品质量出现问题，或者是对产品的质量安全检测标准放缓，让一些假货出现在货架上的情况。

具体可以通过以下几点对员工进行有效监督和管理：

- 在连锁店设定诚信经营的口号，为员工灌输诚信经营的理念。
- 为员工普及法律知识，告知法律底线，让员工认识到假货的危害性。
- 拿出反面教材、案例进行场景再现，树立警告，让员工能够引以为戒。
- 建立完善的监督制度、监督系统，形成一定的威慑作用。
- 采取清晰明了的奖惩制度，对于表现良好的进行奖励，对于造假、不端正的行为，采取惩罚的措施。

通过一系列的措施，让员工明白连锁店的核心价值就是没有假冒的产品，好的信誉才是连锁联盟可以发展下去的根本。告诉员工这是不可逾越的底线，让员工心里有数，从内心深处明白没有假货的重要性和有假货的危害性。这样，员工就知道必须要对产品进行质量监控，就会充满责任心，就可以避免员工在质量监控上的不尽心尽力，从而拒绝假货的流入。

总的来说，质量永远是一个实体连锁联盟存活下来并且可以发展壮大的关键因素，只有产品的质量安全有保障，才能够让消费者放心地购买，消费者才会对这个品牌以及品牌下的连锁门店产生信任。因此，必须要对产品的质量进行严格监控，拒绝假货，才能让实体连锁联盟运营并壮大。

7. 市场协同：每个店都是你的销售通路

对于实体连锁联盟来说，市场也是运营体系中至关重要的一环，只有市场大了，实体连锁联盟下的连锁门店才能够卖出更多的产品，获得更多的利润。如果市场小了，连锁门店的商品就不能够卖出更多，实体连锁联盟的运营就会受到影响。很多实体店都抱怨，市场太小了，生意根本做不下去。因此，绝大多数的连锁公司都在追寻着更大的市场，希望通过更大的市场来将实体连锁联盟运营下去。而想要实现这一点，最重要的就是将实体连锁联盟在运营体系中做到市场协同，让每一家连锁门店都成为销售通路。

每一家品牌连锁门店都是这个品牌的一个销售渠道，品牌连锁公司如果让每一家品牌连锁门店都能够做到在渠道上建立优势，在每一家连锁门店所在的区域市场上都建立相对优势，在固定区域内有一定的影响力。每一个连锁门店就是一个销售通路，就是一个在区域内占据的大量市场。将这一个个连锁门店进行协同，将所有连锁门店占据的市场联结在一起，就可以形成一个巨大的市场，从而让实体连锁联盟不再为市场烦恼，有足够的市场运营下去。那么，如何让每个连锁门店都成为实体连锁联盟的销售通路呢？

（1）选择一个好的连锁门店店址

想要让每一个连锁门店都成为销售通路，首先需要注重连锁门店店址的选择。因为开一家连锁门店是一个投资较大但是回报较慢的过程，而一家连锁门店的店址则是影响这家连锁门店能不能有更多的客源，能不能获得更大的经济效益的重要因素。一般连锁门店的经营策略都是根据门店所在的地理位置来确定的，如果连锁门店的位置好，那么，就可以更加方便地吸引顾客，更容易占据这个区域内的市场，形成销售通路。

一般来说，在选择连锁门店的店址时，要注意三个方面：

➢ 交通情况，地理位置；

➢ 客流，客流量的大小、繁华程度；

➢ 竞争，周围市场竞争激烈与否。

客流量是决定一个连锁门店能否成功占据区域内市场的关键因素。所以连锁门店的店址最好选在商业中心、交通枢纽、居民住宅楼附近或者铁路沿线的一些重要车站附近。因为从交通方面来看，这些区域的交通方便，道路四通八达，人们过来买东西消费都很便捷。

从客流方面来看，这些区域内的现有人流量一般都比较大，有人住家，有人上班。潜在的客流量也很大，是区域内客流最集中的地点，很多人都会去购买产品，并且这些人还有较强的消费能力。所以这些地区的市场占据着区域内市场的大部分份额，如果将这些市场拿下，那么连锁门店就可以在区域内市场占据优势。而从竞争方面看，品牌连锁门店的店址最好选在附近有很多和品牌连锁门店同类型商店的地方，这样，对这个区域内来说和连锁门店同类型的商店就有很多，就很容易吸引更多的客流量。

根据以上选址的标志，我们基本上可以判定，一个好的连锁门店店址应该具备以下六点：

➢ 区域人口密度高的地方；

➢ 交通便利的区域；

➢ 接近人们集中地点的区域；

➢ 同类型商店聚集的区域；

➢ 商业活动发生频繁的区域；

➢ 潜在客户人流量最多的街道。

（2）围绕连锁门店构成商圈

一个连锁门店构成的商圈也就是这个连锁门店的销售空间，一般来说，以建立的连锁门店为圆点，向外扩张若干距离，以这个距离为半径画一个圆圈，而这个圆圈就是划定的商圈。商圈一般分为内部圈、外部圈和辐射圈，也就是连锁门店所能够辐射影响的区域。

连锁公司如果给每一家连锁门店都划定商圈，就可以让连锁门店在这个商圈内占据这个区域内的市场，从而形成销售通路。而当连锁门店的商圈划定后，如果在这个区域内出现了和连锁门店同类型的商店，运用商圈也能够很好地解决。

比如，在一个区域内开了一家品牌连锁门店，而在临着很近另一边也开了一家和品牌连锁门店同类型的商店。正常来讲，为了争夺客源，这两家门店会发生竞争，产生冲突，甚至可能会导致恶性的互相减价，最终只会让两家门店都蒙受巨大的损失。如果连锁门店和另一家同类型的门店都进行商圈划定，那么，他们就会争取到别处的消费者，冲突就会减少，对连锁门店和另一家同类型的商店都有好处。

对于在这个区域内连锁门店商圈的划定也是要根据连锁公司的决策和店址的位置来决定的。比如，品牌连锁门店“麦当劳”在选择连锁门店的店址时就更看重人流量，因此，麦当劳每 20 万的区域就有一家品牌连锁门店，而这 20 万人的区域就是这家麦当劳连锁门店的商圈。又如，品牌连锁门店“德克士”在选择连锁门店店址时就更加注重盈利，因此，德克士平均在每 6.2 万人的区域就有一家品牌连锁门店，而这 6.2 万人的区域就是这家德克士连锁门店的商圈。一般来说，在划定商圈时，需要注意的是，不能让连锁门店的商圈互相重合，而是尽量将连锁门店均匀地分开，设立在不同的地方，并且商圈半径也不宜过大，这样才能够有效发挥出更多的价值作用。

总的来说，市场是实体连锁联盟可以稳定运营向前发展的重要方面。只有让每一个连锁门店都成为销售通路，将市场占据，才能够让连锁门店有更多的客流量，从而让连锁门店运营得更好。

8. 售后协同：售后服务覆盖全国

对于消费者来说，他们最讨厌遇到产品出现问题找商家维修，而商家却推三阻四以各种理由不予维修的情况。甚至有的商家还出现产品卖出去翻脸不认账的情况，让消费者既无奈又生气。

而对于实体连锁店来说，这种售后服务不到位的表现，显然是不利于企业和谐、稳固发展的。售后服务作为实体店服务内容中的重要成分，对实体店的发展自然发挥着强大的支撑作用。毕竟只有售后服务跟上了，实体连锁联盟才能够运营得更好，才能够具有长久可持续的发展潜力。因此，对于实体店来说，就有必要进行售后协同，让连锁门店的售后服务覆盖全国。

售后服务指的是生产企业或者经销商将产品卖给消费者之后，为消费者提供的由卖出去的产品或提供的服务后所引发的一系列服务。一般来说，售后服务包括为消费者安装、调试产品，为出现问题的产品进行“三包”，即包修、包换、包退服务，为消费者解答疑难问题和技术指导等。对于连锁门店来说，售后服务是衡量一个品牌连锁门店到底重不重视消费者，愿不愿意对消费者负责任的重要标准。

如何有效进行售后协同，让售后服务覆盖全国？

（1）让售后服务网点遍地分布

想要让品牌连锁门店的售后服务覆盖全国，首先就要让品牌连锁门店的售后服务网点在全国遍地开花。品牌连锁门店要在全国大中小城市有自己的售后服务网点，一般来说，这个售后服务网点可以设在品牌连锁门店内，也可以单独建一个售后服务站，而这个单独的售后服务站最好离品牌连锁门店不要太远。这样，将品牌连锁门店的售后服务网点设在全国的各个地方，消费者在品牌连锁门店购买的产品一旦出了什么问题，立马就可以到购买产品的品牌连锁门店或者附近的售后服务站寻求解决。

日本的汽车闻名世界，而日本的汽车当年在进军欧洲的时候就是借助了售后服务才成功地占据了欧洲市场。当年，日本汽车厂商急于打开广大的欧洲市场，在开拓市场初期，为了提高日本汽车的知名度，赢得欧洲顾客的青睐。日本汽车厂商采取了积极的广告宣传攻势，他们运用了质优价廉的营销组合策略等一系列营销手段，但是却发现始终达不到预期的效果，市场占有率仅为12%。这让日本汽车厂商很是不解，经过调查，他们发现，原来是因为忽略了售后服务才造成了失败。过了一段时间，日本汽车厂商很快调整了产品策略，他们在欧洲各地建立了数万个汽车服务和维修网点，将售后服务覆盖了整个欧洲。很快就消除了顾客的不满情绪，从而提高了日本汽车的知名度和美誉度，使其市场占有率一下达到了43%，取得了预期的效果。

通过在欧洲各地大量地建立售后服务网点和服务中心，日本汽车连锁联盟将售后服务覆盖整个欧洲，从而取得了丰硕的战果，成功占据了欧洲的市场。

由此可见，在全国各个地方大量地建立品牌连锁门店配套的售后服务网点，就可以达到将售后服务覆盖全国的目标，消费者就可以在产品出现问题时随时寻求售后服务。消费者不仅可以自己去售后服务网点寻求售后服务，连锁公司也可以在全国的每一个城市开一个大的售后服务中心。这个售后服务中心统辖这个城市内所有同品牌连锁公司的售后服务，这样，也可以做到让售后服务覆盖全国，消费者但凡在品牌连锁门店买的产品有什么问题，就可以给这个大的售后服务中心打电话，让他们派专业的人员上门提供售后服务。

（2）连接所有品牌连锁门店售后服务

很多消费者经常会有这样的经历，在外地一家品牌连锁门店买的东西出问题了，想要在本地相同品牌的连锁门店或者售后服务网点维修，却被告知不能在这里维修，必须要回到当初买这个产品的品牌连锁门店或者当地的售后服务网点才能维修。

这样最终就会给消费者带来一系列的麻烦，消费者心里也会对这个品牌的连锁门店产生不满和不信任，同时也会影响整个连锁品牌的形象和服务能力。

因此，品牌连锁公司旗下的所有品牌连锁门店的售后服务网络要做到相互连接。也就是消费者在一家品牌连锁门店买了产品，那么不管消费者在哪里购买产品，都可以在任意一个城市的相同品牌的连锁门店或者当地的售后服务网点和中心查到当时买东西的依据，从而直接、快速地享受到售后服务。

总的来说，售后服务是决定一个实体连锁联盟态度和诚意的地方。只有将售后服务覆盖全国，将所有的品牌连锁门店打通，让消费者可以在任何一个品牌连锁门店都享受到优质的售后服务。当品牌连锁门店的售后服务做到高效良好，将售后服务覆盖全国，就可以让消费者感受到连锁门店负责任的态度，进而留住消费者，吸引客源，将实体连锁联盟运营得更好。

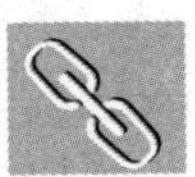

第六章

销售布局：线上线下全零售体系

零售主要分为线上零售和线下零售，从各自单一的功能作用来看，线上零售无法为消费者提供体验和娱乐性的购物；线下零售同时也无法利用网络技术支撑自身实现多渠道、多角度的发展。然而，伴随着新零售时代的到来，线上线下全零售的体系布局的出现，一切都在为实体店增加新的销售渠道，帮助实体店带来新的发展路径。

对于实体店而言，在销售布局方面，实行线上线下相结合的全零售体系不仅是扩大营销力度，增强品牌影响力的重要途径，同时线上线下相结合，也是帮助实体店长久、可持续发展的重要策略。

1. 全零售布局：增加销售路径

销售，顾名思义，就是要把东西卖出去。不管怎样，想要把生意做好，知道如何将销售做好是实体店发展的关键。而想要做好销售，最重要的就是渠道。对于传统的品牌连锁店来说，一直以来，他们所依赖的销售路径主要是开实体的门店，通过实体店将商品展现给消费者，让消费者进行购买。

然而，近几年来，随着互联网的发展越来越快，销售的路径已经不止一条，而是分成了线上销售和线下销售两种。对于一直是传统线下销售路径的品牌连锁店来说，线上销售所带来的人流量和便捷是线下销售的实体门店所比不了的，这也对实体门店造成了惨重的冲击。

因此，想要振兴连锁门店的销售，把商品销售出去，就不能再拘泥于原来的只守着实体店的销售路径，而是要对销售进行重新布局，增加新的销售路径。

全零售又可以叫作全渠道零售，也就是有着众多渠道的销售体系。当品牌连锁店做到全零售后，销售的路径也就不止原来的那一个实体店销售了，品牌连锁门店就可以做到通过多种路径来进行销售。这样，品牌连锁门店就不会再被传统的销售方式所束缚，就可以有更多的销售路径，并且通过多样的销售路径将商品销售出去，从而减少互联网电商对实体店的冲击。有效增加销售路径，具体可以从以下几点来考虑：

（1）开展线上销售

品牌连锁门店其实不一定非要通过实体店来进行销售，除此之外，还可以通过开展品牌连锁门店的网上商店，自己做电商，开拓出线上销售这一条新的销售路径。线上销售也就是品牌连锁门店在互联网上销售产品，将在实体店线下销售转移到线上销售。并且随着互联网应用的普及，越来越多的品牌连锁门店也都在着力建立网上商店这一新的销售路径。

著名品牌零售连锁门店银泰作为传统的品牌连锁公司，一直都是以实体店销售为主，但是随着互联网上电商的兴起，银泰的销售额一年不如一年。为了拓展销售路径，银泰增加销售路径，选择线上销售，积极与阿里巴巴进行合作，从而建立了电商平台“银泰网”，还和阿里巴巴联手推出虚拟会员卡产品“银泰宝”，可以用来快捷支付。

可见，线上销售对于品牌连锁公司来说无疑是补充连锁门店销售一种很好的销售路径，想要做线上销售，品牌连锁公司就需要在网上开一家网上直营专卖店来开展线上销售。一开始，品牌连锁公司可以在旗下的所有连锁门店里进行网上直营专卖店的宣传，让更多的顾客知道这个品牌的连锁门店在网上有直营专卖店，以此来积攒人气。

与此同时，品牌连锁门店还要为消费者提供网上支付技术，让消费者在网上的品牌直营专卖店购买商品时可以直接进行网上支付。这样，在下单支付之后，网上直营专卖店就可以为消费者发送货物，显得便捷简单。

因此，对于连锁实体店而言，无论过去有多么辉煌，但是在网络时代下，还是应该积极顺应潮流，拥抱线上零售，充分利用技术支持，涵盖更多的用户范围，从而保证自身更加持久的发展。

（2）开展微商销售

除了开网店，进行线上销售外，品牌连锁公司的全零售布局还可以增加微商销售这一销售路径，近两年来，微商成为很多品牌连锁公司一个重要的销售渠道。微商主要是企业或者个人基于社会化媒体开网上商店的新型电商，即移动社交电商。

很多人认为微商就是在朋友圈卖货，事实并非如此，这背后恰恰反映着多渠道的零售路径，那些在朋友圈卖货的都是整个零售平台中很小的销售“分支”，这种由诸多销售“分支”构成的微商，正因为发挥着强大的销售作用。

因此，对于品牌连锁公司来说，可以和一些新媒体，诸如微信这样的平台进行合作，深度结合这些新媒体的社交关系，构建一个连锁品牌的第三方购物平台，或者基于社交关系开发连锁品牌的自营商城。

著名品牌连锁门店雨伞龙头企业天堂伞，就扩展了微商的销售路径。天堂伞联手国内知名微信第三方开发者微巴人人店，上线了天堂伞厂家版人人店，店中拥有12大类商品，凭借天堂伞强大的品牌影响力和人人店分销系统的传播力，半个多月内订单超过5万单，大大提升了销售额。

品牌连锁公司可以在连锁门店内张贴自家微商的二维码，购物的消费者一经扫描就可以用手机直接登录到自家的微商店铺。通过微商的分销体系，品牌连锁公司就可以进行分销，快速地推广自家的品牌和产品。这样，品牌连锁公司就可以利用微商这一销售路径来吸引更多的平常没有注意到的人流量，从而提高销售额。

总的来说，全零售意味着拥有全面的、广泛的、新增的销售路径，这是最关键的。而对于连锁品牌店而言，想要增加自己的销售路径，不能只关注线下或者只局限于一种销售路径，而应该不断拓展，寻找更多的销售路径，真正建立线上、线下相结合，多方位、多角度相融合的零售路径，从而实现更加全面的发展。

2. 所有渠道拥有统一品牌

品牌是一种无形的资产，它是店铺的形象，同时也是产品质量的保证。一个品牌承载的是消费者对这个品牌产品的认可和信任。因此，很多人在购买商品的时候，面对同类型的商品，往往都喜欢购买携带品牌标识、众人所知的商品。即便这个品牌的商品可能要比同类型的商品昂贵、奢侈，但消费者就是相信该品牌的产品，愿意买该品牌的商品。

而对于连锁公司来说，想要销售更多的产品，进行销售的布局，品牌所起到的作用就更加重要。一般情况下，相同类型的连锁门店，消费者肯定愿意进一家品牌连锁门店去购买商品。比如，在买运动服装和鞋子时，如果有一家阿迪达斯连锁门店和一家没有什么名声但同样是卖运动服装和鞋子的连锁门店进行竞争，可能 90% 以上的消费者都会选择阿迪达斯连锁店而选择不知名的品牌服装店，这就是所谓的品牌作用。

而在如今，品牌连锁门店已经有了更多的销售渠道，覆盖了线上和线下。不管是实体门店还是网店，在利用品牌吸引消费者的时候，值得注意的是，所有的销售渠道都要拥有一个统一的品牌。

品牌连锁门店所有的销售渠道都要有统一的品牌，就是要求不管在实体门店上还是在网上的直营专卖店上，或者在一些别的销售渠道上，都要坚持品牌的相同，而不是实体门店是一个品牌，在网店上又是另一个品牌。

比如，著名家电零售连锁公司国美，在它各种渠道中销售各种各样品牌的电器，其中有的电器卖得好，有的电器卖得不好。但不管是在网上商店还是实体门店的品牌统一都是国美，而不会网上商店是一个卖得好的电器品牌，实体门店是另一个卖得好的电器品牌。这样，所有渠道拥有统一品牌，就不会出现渠道不同品牌混乱的情况。这不仅有助于扩大消费者认识和了解品牌，同时也有助于培养消费者对于品牌的感情和信赖。

那么，如何让品牌连锁公司的所有渠道拥有统一的品牌？

（1）整合渠道资源，加强渠道联系

想要让所有的渠道拥有统一的品牌，就需要连锁品牌将公司旗下的各种渠道资源，包括线下实体连锁门店、加盟店，线上的网上商店等大的渠道资源，以及微商、个人分销等比较小的渠道资源整合在一起。

这样，整合的渠道资源就会成为一个大的渠道资源，而为了能够避免各种渠道之间各自为战，出现品牌不一样的问题，就会让所有渠道都拥有一个统一的品牌，也就是品牌连锁公司的品牌。而在整合的过程中，各个渠道之间肯定会出现摩擦，特别是如果品牌连锁公司的不同渠道有不同的品牌，而为了让哪一个品牌成为统一的品牌这两个渠道互相不服该怎么办呢？

这个时候，品牌连锁公司就需要加强渠道之间的联系，也就是要让每一个销售渠道都了解其他的销售渠道。这样，就可以让每一个销售渠道更能了解其他渠道的工作原理和方法，知道其他渠道所拥有品牌的价值。

比如，一家连锁公司，有线下实体门店和线上网店两条销售渠道，但是这两条销售渠道从来就没有什么交汇，也就不能够拥有统一的品牌。但是如果将这两条销售渠道整合在一起，将各自的渠道优势结合在一起，建立统一的品牌，那么无论是从品牌营销还是宣传推广的角度来看，对实体店的发展都起着重要的推动作用。

（2）在所有渠道中树立统一品牌意识

品牌连锁公司要让所有的渠道拥有统一品牌，除了加强渠道之间的联系，平时还要在所有的渠道中都要树立一个统一品牌的意识。这就需要品牌连锁公司做到让所有的销售渠道和员工都为本品牌连锁公司的品牌感到自豪，成为同行业中的佼佼者。这样，不管是对于加盟店还是对于顾客来说，他们在进行品牌选择的时候，都会自然而然地用品牌连锁公司的这个品牌。

如何树立统一的品牌意识？具体可以从以下几点来考虑：

- 连锁公司总部可以举办一些座谈会或者演讲，来对自家的品牌进行宣传和讲解。
- 结合自身品牌的价值点，在各个连锁门店员工的心中种下品牌的“种子”。
- 通过一些强大品牌的案例解读，帮助员工以及其他渠道的合作者看到自身品牌的发展前景，对自身的品牌树立坚定的信念。

通过以上方法在各个渠道之间树立统一品牌的意识和观念，这样，连锁门店在进行不同渠道的销售时，都能够快速建立起属于自身的稳固品牌。

总的来说，每一个品牌连锁公司的销售渠道都有很多，而在这些销售渠道中，让其拥有统一的品牌是重中之重。只有一个统一的品牌，才能够给消费者留下深刻的印象，才能够让消费者在商品中进行品牌选择，而不是导致消费者面对纷繁不一的品牌眼花缭乱，不知如何选择。

3.区分优势产品，增强产品利润

产品作为商店向外销售的东西，也是商店能够获利的根本，其销售情况直接决定着商店的利润情况，只有产品销售得越多，商家获得的利润才会越多。对于商家来说，如何将产品卖出去更多，如何让卖出去产品的利润得到提高是商家关心的头等大事。

而对于品牌连锁店来说，即便是有了多样的销售路径，构建了线上线下的全零售体系，但是倘若不能将产品做到有效划分，不能区分优势产品，而是粗暴地、一股脑地进行销售，显然是获取不了更多利益，难以带动连锁店健康发展的。

所以，品牌连锁公司想要将销售做得更好，获得更大的利润，就要学会销售产品。在对销售布局时，真正做到增强产品的利润，区分优势产品。

（1）给产品进行分级

想要做到区分优势产品，实体连锁门店可以给产品进行分级，也就是要给产品一个不一样的级数，以表现出优势产品。

比如，可以先在实体连锁门店中进行数据分析，根据消费者购买产品的数量，分析出哪种产品销售得最好，是优势产品。然后对优势产品和不是优势产品进行分级，以起到区分优势产品的作用。连锁门店可以做一个漂亮的柜子将这些优势产品单独放置，或者将它们放在显眼的位置，总而言之，要显得这些优势产品高高在上，要让消费者觉得和其他产品比起来明显这些优势产品的级别更高。

相反，那些劣势产品可以将它们堆积在一起，放在一个平价区或者是优惠区，一方面，保证消费者能够准确地区分商品的属性、价格、等级；另一方面，让消费者看到劣势产品存在的价格优势，呈现出劣势产品吸引人的地方。与此同时，劣势产品也能够衬托出优势产品的物有所值，显现出优势产品的价值点，更能够博取消费者的眼球，形成强大的竞争力。

对于网上零售店来说，也可以给产品进行分级，区分优势产品。比如，品牌网上商店可以对消费者购买产品的数据进行分析，得出其中哪种产品销售得最好，是优势产品。然后将优势产品在网站上进行重点推荐，标注等级，并且单独放在网站上最显眼的地方，配上精致华丽的推荐的页面，或者是进行一些打折活动，都能够抓住更多消费者的眼球，赢得更多的顾客资源，同时快速提升销售业绩，为零售店带来更多的利润。

（2）提升服务品质

对于品牌连锁公司来说，不管是实体连锁门店还是网上商店，产品都不光是卖给消费者生产出来的物件，也是消费者在这些地方购物时所感受到的服务。因此，将消费者所受到的服务当成产品进行区分是优势产品，提升服务品质，对于增加整个产品的利润也有很重要的作用。

国际著名公司海尔从1984年到现在从无到有，从小到大，发生了巨大变化。其中很重要的一个原因就是它们一直在提升自身的服务品质，争取将服务做成一个领先其他企业的优质产品。海尔的服务理念是“用户永远是对的”，之后随着巩固和发展，并不断增添新的内容。在星级服务上，海尔提出了两点要求：一是不断向用户提供意料之外的满足；二是让用户在使用海尔产品时毫无怨言。当前，海尔已确立了“高标准、精细化、零缺陷”星级服务战略，“向服务要市场”“靠服务创国际名牌”“靠服务拓展国际市场”“靠服务驱动产品创新”等已成为海尔二次创业的主体思想。

海尔靠着优质的服务，以顾客为根本的精神，将服务和其他企业相比时形成了优势产品，得到了消费者的一致好评。最终吸引了大量的消费者购买海尔产品，大大增加了产品的利润，才成就了今天的海尔。

因此，品牌连锁公司要提升自身的服务品质，对消费者提供相比其他连锁公司更具优势的服务。不管是哪种渠道，都要以消费者为中心，对于消费者反映的问题要及时解决，要让消费者在购物的时候感到开心、舒适。这样，品牌连锁公司就可以在消费者心中树立更好的印象，在相同类型连锁门店或者网点等其他渠道前，消费者就会更愿意选择服务优质的品牌连锁公司。如此一来，越来越多的消费者也更加愿意购买该产品，这样自然就会大大增加门店利润。

总的来说，产品是销售可以做好的重中之重，消费者在品牌连锁公司旗下的所有销售渠道享受的都是产品，包括但不限于产品本身、服务等。品牌连锁公司要区分出优势产品，让消费者看到你这里的优势产品，他们才会愿意购买产品，才能增加产品的利润，才能够将销售的布局做好，让线上线下的全零售体系变得完善。

连锁品牌通过分析每一个产品的优势劣势，从中发现了产品所具备的价值点，将具有优势的产品和劣势的产品进行有效区分，这不仅让顾客能够直观地看到产品的亮点，实现快速营销。同时，这种区分产品优势的策略也能够帮助连锁店形成自身的发展优势，形成强大的竞争力，最终保证自身在市场之中赢得一席发展之地。

4. 真正以消费者为中心

对于销售来说，消费者一直处于最顶端的位置，他们是为了生活需要购买、使用商品或者接受服务的一群人。而对于实体店来说，销售的最终目的就是要将产品卖出去，赚取利润。那将产品卖给谁，自然就是消费者了。只有消费者愿意买产品，销售才算是成功，商家才能够赚取利润。

因此，对于任何一个商家来说，消费者都是他们需要去努力争取的，只有将产品卖给消费者商家才能够发挥产品存在的价值和意义。在品牌连锁公司中，不管是哪一种销售路径，想要将销售做好，就要先过了消费者这一关。

在实体店销售中，消费者所发挥的作用已经影响到一个店铺的生死存亡。伴随着互联网的崛起，网上零售店的冲击，一切都在导致实体店的生意越来越难做。这种情况下，实体店想要获得更加长久的发展，就需要在消费者这一环节下功夫。

真正以消费者为中心要求品牌连锁公司要以分析和研究消费者的需求为核心，在不同的销售渠道中根据消费者需求的本质来对消费者进行销售。要做到一切以消费者为主，一切以消费者的利益为最高利益，为消费者提供优质的服务，所有的行动都以消费者为中心展开。这样，在做到了真正以消费者为中心后，就可以在消费者中打响自身的品牌，提高知名度，从而吸引更多的消费者前来购物。随着消费者数量的增加，会让连锁门店和网上商店等各个销售路径的生意越来越好，销售额也会大大提升，进而留住更多的固定消费者。那么，如何才能做到真正以消费者为中心呢?

（1）了解市场，了解消费者

想要做到以消费者为中心来吸引消费者，首先就要做到了解市场，了解消费者。实体连锁门店要了解消费者的需求，了解市场的需求。比如，要知道消费者心里在想什么，消费者最喜欢的产品是什么以及研究市场的需求变化。只有这样，品牌连锁门店才能够了解消费者想要什么，从而满足消费者的需求，做到以消费者为中心，让消费者可以在连锁门店购买到想要的东西。

世界著名日用消费品公司宝洁就一直秉持着以消费者为中心，了解消费者，从而提高销售额的方法。宝洁认为，了解和理解消费者，仅仅做好研究工作或掌握具体的研究技巧是不够的，必须要将消费者置于整个公司及其品牌战略的中心位置。宝洁在1923年就成立了市场研究部，每年在60个国家研究500万人以上的消费者，每年开展15000个调研项目，每年花费3.5亿美元（约22亿人民币）用于市场调研，市场研究费用占销售额的0.4%。目前，宝洁的中国市场研究部拥有了超过100人的专业市场研究队伍。宝洁还创立了包括消费者研究和调查访问的质量标准。宝洁还建立了一个叫作“消费者村”的消费者研究机构，专门用来研究消费者购物习惯与消费心理，这些研究成果将为公司进行产品和服务方面的创新提供重要的参考依据。宝洁还继续保持着他们持续多年的家访式调研，用来积极探索大数据的分析。

想要了解消费者，品牌连锁公司旗下的所有销售渠道都要仔细分析消费者购物的数据，根据消费者购物的数据可以看到销售最多的产品是什么，消费者需求和喜欢的产品是什么。在实体连锁门店，还可以对消费者进行调查，在消费者购物结束，可以让消费者填一份调查问卷，来询问消费者喜欢什么样的产品，对于这次购物有什么想法。如果消费者不愿意填写调查问卷，还可以设立一份独特的小礼物给填写调查问卷的消费者，来刺激消费者填写调查问卷。在网上商店，也可以进行调查，当消费者购物结束，可以弹出一个评价系统，询问消费者对于购买产品的评价以及希望下次在店铺中可以买到的产品。可以设立如果消费者填写了评价下次购物就有一定折扣的制度来刺激消费者评价。最终，这些数据都将汇总到品牌连锁公司进行分析，帮助了解市场和消费者，从而知道消费者的需要，做到以消费者为中心。

（2）将服务转向更深层次

为消费者提供更高层次的服务是做到以消费者为中心重要的一环。一般来说，在实体连锁门店，要做到以消费者为中心，就是围绕着顾客转。顾客走到哪儿，门店的员工就走到哪儿，为顾客提供服务。但是在现在的线上线下全零售体系构建中，想要做到真正以消费者为中心，就需要将服务转向更深的层次。

比如，实体连锁门店和网店都可以建立消费者档案，在档案中记录这个消费者在这个品牌连锁公司旗下各个销售渠道所购买产品的信息，然后根据信息为顾客提供符合顾客的个性化服务。也可以走出门店或者网店，上门回访那些经常来购物的老客户，询问他们对于产品的意见。让老顾客可以参与进产品的研发中，为老顾客提供专属的产品。而不再像之前仅仅停留在热情、周到、礼貌招呼的店面服务。

总的来说，消费者是销售中的主体，即便你的销售渠道再多，产品再好，如果没有消费者愿意购买，那么也无济于事。因此，品牌连锁公司旗下不管是什么销售渠道，都要为消费者提供更深层次的服务，了解消费者，及时满足消费者的需求，做到以消费者为中心。这样，才可以完成销售的布局，构建线上线下全零售体系。

5. 线上和线下的无缝对接

随着时代的进步，在互联网的快速发展下，信息的传输变得更加简便，也更加扁平化。自从新零售被提出后，在销售领域就发生了翻天覆地的变化，从原来的线下销售扩展到线上销售，由传统的、单一的销售模式演变为多元化、多渠道的销售模式。

而连锁实体店作为新零售时代下的主角，注定要经历一番新的变革，重新进行销售布局。

从连锁实体店当前的发展来看，仅仅依靠开实体店这种单一的线下销售模式并非长久之计，实体店想要获取更多的利润，维持更加长远的发展就需要做好销售这一环节，将线上和线下进行无缝对接，不断拓宽销售渠道、增加新的销售路径，真正实现全面销售。

简单来说，一家线下实体店在实行线下销售为主的同时，还可以辅之以线上销售，并且做到线上和线下的无缝对接，这才是构建线上线下全零售体系中关键的一步。

连锁实体店的线上和线下无缝对接要求线下实体连锁门店和线上网上商店之间要互帮互补，联结在一起成为一个整体，在销售上共同发力。在零售业中，虽然一些连锁实体店在网上也有零售店，但绝大多数是单独运营的，没有和实体连锁门店做到线上和线下的无缝对接，也就很难让线上和线下互相协助，共同发力，最终难以产生预期的效益。

那么，何为线上和线下无缝对接；如何有效对接？线上和线下无缝对接，并非简单地实行线上和线下两种销售模式，而是将以实体门店、电子商务、移动互联网为核心，通过融合线上线下，实现商品、会员、交易、营销等数据的共融互通，从而向顾客提供跨渠道、无缝化体验。具体做法可以从以下几点考虑：

（1）线上线下库存的无缝对接

库存是商店货物销售的保证，不管是品牌连锁门店还是网上商店，都有自己的库存系统在运转。而想要让线上和线下的销售做到无缝对接，就需要将线上和线下的库存系统先进行无缝对接，打造出一个统一的线上线下库存系统。

美国著名高档品牌连锁百货店诺德斯特龙（Nordstrom）在全美拥有几百家的品牌连锁门店，他们也有自己的网上商店。为了让线下众多的品牌连锁门店和线上的网上商店可以互相合作，达成共赢的目的，诺德斯特龙品牌连锁公司将网上电子商务平台的库存系统和实体店的库存系统进行了有效融合，然后在将连锁公司的线上和线下销售渠道有了统一的库存系统基础上，开始推出网上购物，实体连锁门店取货的“O2O”模式服务。这样，就在线上和线下库存的无缝对接基础上达到了线上和线下的无缝对接，形成了融合优势，给客户带去了便利，发挥了多渠道销售的综合竞争力。这种线上和线下的无缝对接模式一经推出，即便在美国的经济困难时期，也给诺德斯特龙品牌连锁公司带来了8.4%的销售增长，收入大大增加。

品牌连锁公司可以将线上和线下的库存信息整合在一起，将数据输入一个新的系统，这样，就可以随时查看网店和连锁门店的库存量，及时调配，做到无缝对接。比如，消费者在品牌网店上想买某一个牌子的衣服，但是适合这位消费者尺码的衣服在仓库中已经没有了，如果是以前肯定会经过漫长的后台调配才有可能找到满足这位消费者尺码的衣服，这会极大地影响消费者的购物体验。但是如果线上和线下的库存系统已经无缝对接，就可以在系统中通过数据及时查询到哪家线下连锁门店有符合消费者尺码的衣服，然后将消费者的订单发给有衣服的那家连锁门店，那家连锁门店接过单子，就可以给消费者发货，消费者就不再需要经过漫长时间的等待了，销售的效率和给消费者提供的购物体验将会大大增加。

（2）线上和线下多多交流，互相关注

原来一家品牌连锁公司的线下连锁门店和线上网上商店都只关注自家的销售情况，而不会去看别的渠道的销售情况。而想让线上和线下做到无缝对接，就要让线下和线上之间多多交流，互相关注。

世界著名品牌连锁公司巴宝莉（Burberry）旗下的连锁门店原来一直都保持着传统且孤立的本质，每一个连锁门店的店面经理都只关注这个门店内的销售事物，但自从Ahrendts担任CEO后，就开始着手改变巴宝莉旗下销售渠道的情况。她让每一家连锁门店互相交流，让线下和线上也开始多多交流，互相关注。就连线上网店的销售经理职责也与以往有了很大不同，不允许忽略实体店的销售情况。Ahrendts说："实体批发零售就是实体销售，负责数字营销的员工也只关注线上业务。店面经理也只重视实体店。但现在我们把中间这个界限打破了。实体店经理也要负责线上业务。如果你告诉我在当地没个人在线上购物，那么绝对大错特错！"

品牌连锁公司要让品牌连锁门店和网上商店之间的负责人都互相关注对方的客流量，相互之间多多交流，互相负责。比如，连锁公司可以在所有的连锁门店都放上客流计数器，然后每一周将每一个地方的线下连锁门店客流量和线上网店访问量进行汇总记录，上报给连锁公司。然后分析数据，了解其中线上和线下有没有产生交集的地方。这样，线下和线上多多交流，经常互相关注，就可以做到线上和线下无缝对接。

总的来说，对于品牌连锁公司来说，线上和线下两条销售渠道都很重要。仅靠单一的销售路径是无法实现全面发展的。只有将线下和线上无缝对接，才能够将销售布局好，融合线下和线上的所有优点，才算真正构建了线上和线下的全零售体系。

6. 智能大数据重构实体店零售系统

随着互联网的全面普及，网络电商们利用智能大数据的资源快速发展，对传统的实体店形成了巨大的挑战。对于品牌连锁公司来说，面对这样巨大的压力，为了更好地生存下去，品牌连锁门店就必须转型。要把传统的实体连锁门店从一个只是单纯销售产品的商店转变成一个销售服务，智能化，多样化的商业服务智能综合体。而想要做到这点，就需要和电商一样运用智能大数据来重构实体店零售系统。

互联网在日益成熟的同时，智能大数据得到了快速发展。也就是电商们可以通过互联网知道今天顾客们买的什么东西最多，知道今天来浏览店铺网页有多少人，知道消费者对产品的时时评价以及消费者们最倾向的是哪一类产品等。这些互联网上的大数据具有包含容量大、出现速度快、内容多样性等特点，通过这些数据，判断这些数据的可适用性和包含的多重意思，电商们可以快速地分析出消费者的购物习惯和规律，从而及时地根据这些习惯和规律调整销售策略。

与之相反的是，传统实体连锁门店所掌握的消费者行为数据比电商们要少得多，也要慢得多，而这也就造成了实体店对于用户信息的收集和分析往往更加滞后，进而不能及时从消费者的行为中发现问题，调整销售策略。

因此，连锁门店要运用智能大数据来重构零售系统，让实体店也可以及时地知道消费者行为的变化，从中分析出要变化的销售策略。从而像网店一样运用大数据来提高销售效率或者减少销售成本。那么，如何运用智能大数据重构实体店零售系统呢？

想要做到这点，实体店自身就要做出改变。要提高实体店的科技水平，搭建智能大数据的平台。

例如，可以给连锁门店装上智慧门店系统、智慧POS机终端系统、智慧视频监控系统等，这些新的科技将为连锁门店提供门禁数据、视频监控数据、POS数据等，这些数据将会构成一个大的智能大数据平台。利用好这些数据就可以帮助实体店重构零售系统。

著名品牌连锁零售公司屈臣氏在受到电商冲击后，一直以来保证销售业绩的两个王牌，品牌整合的优势渠道和忠诚度颇高的消费群体渐渐失效。为了应对这种局面，终于在屈臣氏宣布实现了“3000家门店”的目标后，开始在新的门店从里到外大“换装”，准备运用智能大数据重构实体店零售体系。2017年2月，屈臣氏中国引入了科技公司Rubikloud，准备与大数据科技公司Rubikloud合作将智能大数据运用在零售领域。在未来三年内屈臣氏将投资约5.4亿港元，把大数据科技应用于零售业务，辅以机器学习及数据图像化程序，进一步完善顾客体验及营运效率。而Rubikloud研发的装在屈臣氏连锁门店的RubiCore大数据平台可以在短时间内整合现存所有数据库，并提供为顾客量身打造的推广策略，让旗下零售品牌更满足顾客个人所需，优化市场推广的成效。

其实早在之前，屈臣氏就向Rubikloud种子阶段投入资金支持。2015年屈臣氏就把旗下欧洲零售品牌作为试点，引入了Rubikloud的机器学习程序试水零售大数据，销售效果显著，销售业绩得到了显著提升。2017年

4 月 13 日，屈臣氏中国区第 3000 家门店就运用了智能大数据来重构零售系统。比如，这家新店不仅在装潢上突破传统、以黑白色为主调，产品结构也向潮流时尚化靠拢，而且还引入了诸多新玩法：设置皮肤测试、美妆互动区域、AR 自动试妆系统等新应用。这些新应用不仅增强了地面体验和产品服务的功能，有利于提高消费者对于其品牌的黏性，还可以帮助屈臣氏更好地收集消费者的购物行为，通过数据分析帮助屈臣氏更好地了解消费者。

屈臣氏运用了多种新技术，开发了多种新应用，搭建了智能大数据平台，做到了运用智能大数据重新构建实体店零售体系。因此，传统的品牌连锁公司也要对旗下的所有连锁门店进行改装，都要换上最新的技术，构建出智能大数据平台，品牌连锁门店可以通过门店的智能设备每天收集消费者的各种消费行为数据，然后将这些数据结合线上网店消费者的数据，再对消费者进行深度分析。对于“哪些人走进了店内？”“消费者都是什么职业、经济条件如何、喜好是什么？”“多少人在店门口徘徊？”“走进店内的客户经常在哪里停留？”这些问题的答案都能够一一呈现出来，在此基础上，店铺就可以根据分析出的数据有针对性地对消费者推送关于门店内产品的信息，对消费群体进行有效营销。

总的来说，智能大数据是现在品牌连锁公司摆脱电商的压力，重新振作必须具备的条件。品牌连锁公司只有对智能大数据进行销售布局，运用智能大数据重构实体店的零售系统，才能够吸引更多的消费者，为顾客提供更优质的服务，为构成线上和线下的全零售体系出一份力。

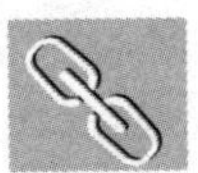

第七章

价值回归：产业链价值共创体系

面对电子商务的冲击以及消费观念的升级，在整个市场环境中，实体店想要寻求新的发展机遇，获得更加长久的发展，最重要的就是价值的共创。其中包括产业链的价值、生产的价值、经销商的价值、实体店的价值、物流价值、电商价值等多重价值的融合。只有将零售业中的每一个环节、每一个价值点都充分发挥出来，才能够为整个零售业创造更多的价值，带动整个零售业的快速发展。

1. 零售产业链的共创共生

所谓零售，就是指商品经营者或者生产者把商品卖给个人消费者或者社会团体消费者的一种交易活动。零售的历史十分古老，很早之前就已经有了零售这种销售方式。而在现代社会，零售也是一种很常见又重要的销售方式，说它常见是因为实体零售店在大街上随处可见，说它重要是因为品牌连锁零售公司在世界上占有重要的地位，著名品牌零售公司沃尔玛就曾常年占据世界500强第一的宝座。但是随着信息技术的快速发展，国内外先进技术的互相融合，电商的快速崛起，对于实体零售业来说形成了巨大的冲击。众多品牌连锁零售公司的销售业绩纷纷下滑，大量裁员，似乎预示着零售业快要日薄西山了。

事实真是如此吗？其实不然，零售业虽然面临着巨大的压力，但也迎来了转型升级的好机遇。在新零售时代下，零售的概念将被重新定义，对于实体店而言，想要突出重围，让实体零售业崛起，就需要重新定义自己，回归到零售业的价值本身，做到零售产业链的共创共生，从而构建零售产业链价值共创体系。

所谓的“共生”，意思是指事物之间相互依存、相互制约、共同生存、共同发展的一种关系。而“共创”则是指通过共生的理念来整合企业内外的创新资源，做到相互分享技术，从而实现共同创新，共同发展。将共创共生应用到零售产业链上，也就是要求品牌连锁零售公司要从零售产业链生态的共生关系出发，将零售产业链上的所有环节整合起来。

比如，要将零售产品的立项、研发、生产、库存、销售等一系列环节整合在一起，从而在与企业外部环境的相互磨合中做到共同生存和共同创新，最后实现零售产业链内部各个环节的可持续共同发展。

在过去，品牌连锁零售公司的零售产业链一般来说就是从批发商、中间商或者制造商处购买商品，然后定下价格，通过实体连锁零售门店的销售渠道直接销售给消费者，可能实体连锁零售门店还会开展一些打折活动。一般情况下，品牌连锁零售公司主要看的就是实体连锁零售店的销售情况，对于产业链的其他环节并没有太多的关注，这些环节也就显得不是很重要，缺乏新意，呆板而没有活力。

然而，在互联网时代下，占巨大优势的电商实现了快速发展，并且不断冲击着实体零售。面对这一形势，实体零售店也需要转型，像电商一样提高自己的技术，具备自身的优势，进而为消费者提供更加优质的服务。不过，实体连锁零售店的独立创新显然进度很慢，没有办法满足品牌连锁零售公司想要尽快突破电商的压力，得到快速发展。因此，零售产业链需要做到共创共生，这样就可以将零售产业链中不同环节的伙伴联合在一起，将资源进行整合，从而共同朝着同一个利益进行创新。最终，不仅可以加快创新的速度，也可以让零售产业链的各个环节不再呆板而缺乏新意，在相互竞争和相互依存的关系中共同发展。

那么，零售产业链如何做到共创共生呢？

（1）零售产业链各环节要实现共赢

品牌连锁零售公司为了实现自身的利益，经常会对进货、库存、销售等关于零售产业链中的环节进行长时间的博弈，希望可以获得更多的利润。但是想要零售产业链做到共创共生，品牌连锁零售公司就不能这样做，而是要让零售产业链中的各个环节实现共赢。

比如，品牌连锁零售公司可以和供货商共同调查市场，了解消费者购买最多的是什么产品，共同规划生产线，明确生产什么产品最好。还可以和销售商或者实体连锁零售店和电商等销售渠道一起推动市场营销。这样，才能够带零售动产业链中的各个环节进行创新，通过合作来解决零售问题，最终实现共赢。

（2）品牌连锁零售公司要和同类型公司合作

一个企业创新是很慢的，品牌连锁零售公司想要让零售产业链做到共创共生，还可以和别的同行企业联手合作，进行技术研发。这样，不仅可以分担各自一部分创新的风险，还可以加快企业的创新研究，加快品牌连锁零售公司的共创共生。

在平板电视机刚刚出现的时候，出现了屏幕用“液晶”还是“等离子”的两个阵营。当时，液晶的技术还不是很成熟，液晶电视机经常出现反应时间长的问题，并且液晶电视机限于技术，并不能够做出很大的尺寸，大大影响了销量。而等离子技术在当时已经成熟了，不仅电视屏幕更清晰，也不会出现像液晶电视机一样反应时间长的问题，而且还可以做成各种尺寸，甚至有的等离子电视机屏幕达到 70 寸。

不幸的是，松下电器和日立电器几乎垄断了等离子技术，他们不给其他的企业进入等离子市场的机会，通过零售他们获得了巨大的利润。而液晶技术则恰好相反，为了提升液晶技术，本来应该是商业对手的各个企业都将自己的技术共享，和别的企业共同进行技术的研究和开发，还邀请更多的企业进入液晶市场合作。最终，在相互合作下，液晶的技术得到了极大的进步，产品的性能得到极大的提升，液晶产业也被众多的企业扩大。并且通过降低产品的价格，极大地推动液晶的发展，从而彻底超过了等离子产业。

品牌连锁零售公司可以和别的同类型企业分享各自的技术，通过吸收对方的零售产业链中关于生产、物流、实体店、网店等方面的先进技术来补充到自身的零售产业链中。通过合作，不仅可以把零售这方面做大，抵抗住电商的压力，还可以让自身的零售产业链变得更加先进，更加有活力，更好地做到共创共生。

总的来说，在实体零售如此难做的今天，想要将实体零售做好，就要让零售产业链上的各个环节做到共创共生。只有这样，才能够让产业链上的各个环节互相创新，互相依存。

2. 生产价值回归：保持匠心，专注生产

生产指的就是将原材料转化成产品的一种输入再输出的过程，在品牌连锁公司的产业链中，生产具有重要的作用。因为生产决定着产品的质量，决定着产品出现的是真货还是假货，而产品的质量则决定着消费者愿不愿意去购买产品。如果生产出来的产品质量不行，那么购买了产品的消费者就会有一种被欺骗的感觉，下次就不会再来购买了，这个连锁品牌就不能够留住消费者，对于品牌连锁公司的发展来说是致命的。很多的品牌连锁公司就是因为下游的生产没有做好，在连锁门店销售的时候才会经常出现产品质量问题，导致受到消费者的质疑和不信任。因此，想让生产在品牌连锁公司的产业链中发挥更重要的作用，让生产为消费者信任连锁品牌提供助力，就需要让生产的价值回归，做到保持匠心，专注生产。

“匠心”从字面意思看就是工匠的精巧的心思，而将匠心用在现在的生产上，表示的就是在做一件产品上，能够一直坚持重复地做下去，产品的质量还能够得到保证，能够一直用下去。然而，现在国内的生产企业大多都很浮躁，很多生产公司都想着怎么把产品快速地生产出来，而不会去想怎么保持匠心，将生产做好，将产品做得耐用、精巧。

有这么一个故事：19 世纪末在青岛江苏路修建的基督教堂的钟表迄今仍然运转正常。2010 年，在华投资生产大型齿轮的一名德国商人陪父亲在

青岛游览时看见了这座钟表，老人顿时认出了钟表所用的齿轮便是由他的家族企业供应的。在接受记者采访时，该德国商人表示："根据目前的使用情况，这些齿轮没有任何问题，还能再用上300年，真要维修时，恐怕要到我的曾孙一代了。"从这个故事中，我们可以看到正是因为匠心，钟表运转这么多年仍然没有丝毫问题。所以说，只有保持匠心，才能够让生产不再只是为了生产，才能够让生产的价值回归，从而让产品的质量得到提高，让消费者认同，建立消费者对连锁品牌的信赖。生产也才可以和品牌连锁公司产业链上其他的环节共同生存，为创建产业链价值共创体系打下基础。那么，要如何做到专注生产，保持匠心，让生产价值回归呢？

（1）保持生产的信仰

每一个公司的生产部门都应该有自身的生产信仰。比如，对做餐饮的公司来说，生产信仰就是要让顾客吃到美味健康的食物；对做房地产的公司来说，生产信仰就是为更多的人建造更加美丽、安全、舒适的房子。

而对于品牌连锁零售公司来说，生产信仰是为了给消费者提供更多的选择，让产品更加耐用，让消费者能够买到真货。这样，在有了生产信仰后，餐饮公司生产的食物才不会出现有地沟油或者其他不健康的情况，房地产公司建造的房子才不会出现豆腐渣工程或者其他不安全的情况，品牌连锁零售公司销售的产品才不会出现有很多假货的情况。因为只有生产者保持生产信仰，他们的内心才不会只把生产当作生产，而是当作一种责任，才会回归到产品本身。如此才能够保持匠心，做到专注生产。品牌连锁零售公司要让生产者知道他们是为了什么生产，要告诉他们身上担负的责任，在生产时可以和产业链上其他环节进行交流，要做到生产是诱惑力，而不会单纯机械化的生产。如此，才可以保持生产的信仰。

（2）保持专注，精益求精

其实，生产一直是一件枯燥的事情，很多公司在生产产品的时候，刚开始可能还信心十足，很有干劲，生产的产品质量也很好。但是随着时间的推移，员工对生产热情渐渐褪去，不再追求细节，注意力不再专注集中，于是在生产环节中就会出现各种各样的问题，紧接着就会经常出现质量不过关的产品。而那些坚持下来，在生产时只专注一件事，精益求精的生产者就做到了保持匠心。

被誉为日本“寿司之神”的小野二郎，就是一个保持匠心，专注生产，能够坚持在生产时专注于一件事的人。小野二郎做了一辈子的寿司，终其一生他都在把握寿司，只为了制作出一份比昨天更美味的寿司。已经 90 多岁的他，每一天都没有停止过研究如何将寿司做得更好吃，他甚至曾经花费过十年时间去研究一道玉子烧（煎蛋）。他也经营着一家全日本最贵的寿司店，招待过各种客人，饭店里也没有菜单，做什么完全取决于当天的食材。

从上面的例子中看到一个生产者的匠心精神，对于品牌连锁零售公司来说，在产业链的产品生产上必须要投入大量的耐心。对于一直在生产的产品不应该有一丝一毫的不耐烦，而是要一直坚持生产时专注于一件事，对每一件即便是已经生产过很多次的产品都要精益求精，认真对待。这样，才能够做到保持匠心，专注生产，让生产的价值回归。

（3）保持热情，力求完美

匠心是一种对品质的不懈追求，想要保持匠心，专注生产。生产者内心深处就要有热情不减，力求完美的品质。只有不断地追求产品的极致，潜下心来保持专注与恒心，才能够做到创新，而不是一直守着传统的理念和方法，一成不变，呆板完成生产。

对于品牌连锁公司来说，产业链上的各个环节的生产都需要保持充沛的热情以及追求卓越的品质，在卓越中不断追求完美、追求极致，最大限度地实现价值回归。

总的来说，生产是产业链中的基础，也是重要的一环，只有生产得好了，产业链后面的环节才能够有效进行。所以，品牌连锁公司必须要保持匠心，专注生产，产品质量才能过硬，才会赢得消费者的喜爱，产业链价值共创体系才会更进一步。

3. 经销商价值回归：转换职能，做好服务

经销商，指的是一种在某一区域和领域拥有销售或者服务功能的单位或者个人。一般来说，经销商是从生产产品的企业或者工厂进货，然后再转手卖给零售商，从其中的差价来获得利润。经销商是零售商一条重要的获取产品的渠道，对于生产产品的厂家来说，也是一条将产品销售出去的重要渠道。因此，在品牌连锁公司传统的零售产业链中，经销商是其中的一条重要的渠道，中坚的环节，对于整个零售产业链的健康发展起着重要的作用。

然而，随着互联网的快速发展，在现在的零售产业链中，经销商面临着诸多的挑战。因为在原来传统的零售产业链中，市场相对封闭，产品的流动也不是很方便。如果生产产品的厂家和零售商距离太远，就需要经销商来进行产品的转换，给生产厂家做代理将产品给零售商运过去。

与此同时，电商迅速崛起，从源头的生产商到末端的零售商之间的联结渠道越来扁平化，也越来越多样化。比如，现在的物流快递体系已经非常发达了，基本上已经做到了覆盖全国，这样电商引导出来的物流体系所发挥的作用大大减弱，严重抢夺了经销商的市场，对像经销商这样的传统渠道提出了巨大的挑战。

并且，因为现在信息的发达，各大电商纷纷推出类似经销商职能的网

站，例如，京东的新通路、阿里的零售通等，这些都大量抢占了经销商的市场，导致经销商的盈利能力越来越低，而市场的竞争却越来越激烈，传统的经销商已经很难再赚到太多的钱，自然经销商也就没落了。那如何才能让经销商在这样的困难环境下生存下来，在品牌连锁公司的产业链中继续发光发热呢？答案就是要让经销商的价值回归，做到转换职能，做好服务。

经销商转换职能就要求经销商转变自己之前联结上游生产厂家和下游零售商的职能，主动地在业务发展上做出调整，改进自己，向其他地方发展。这样，经销商就可以在别的地方，利用转换的职能继续在品牌连锁公司的产业链中做好服务上下游的工作，和产业链中其他环节互相合作、创新，让经销商重新在产业链中起到更大的作用。那么，经销商如何转换职能，让经销商价值回归呢？

（1）转换为物流配送商

经销商可以将职能转化为物流配送商，因为经销商本来就是做生产厂家和零售商之间的渠道的，所以在这方面是有优势的。经销商可以整合自己手中的资源，利用上下游的优势可以让自己向互联网上发展，从一个传统的渠道上变成一个信息化的物流配送商。

同时，经销商需要做到提升管理水平，利用互联网来降低成本，然后根据传统的渠道来建立专业的物流配送体系，转换为专业的物流配送商。这样就可以和产业链上的库存、销售等环节进行合作创新，进而为品牌连锁公司的发展继续做好服务。

（2）转换为品牌商

随着互联网的发展，以及在电商的崛起和不断碾压之下，经销商的利润越来越低。这种形势下，经销商只有重新寻找出路，才能不断突破这一阻碍。为此，经销商可以根据自身就是专门经营产品，将产品卖出去的优势，转换为品牌商。这样，就相当于又拓宽了一个渠道，转换了职能，能够获得更多的利润。经销商可以打造出自己的品牌，自行发展品牌产品，甚至自己可以花钱建一个工厂，来生产自己的品牌产品。

经销商还可以将这个品牌产品放到合作的品牌连锁公司旗下的连锁门店或者网店上销售，进行宣传，利用手中的资源将自己打造的品牌树立起来。这样，除了可以让经销商手中的渠道资源利益最大化外，转换为品牌商之外，还可以让品牌连锁公司旗下的连锁门店或者网店等产业链上的销售环节有更多新的产品进行销售，并且进行合作和创新，为品牌连锁公司的发展继续做好服务。

（3）转换为咨询服务公司

经销商可以转换为一家品牌连锁咨询服务公司。虽然传统经销商的市场被挤压，但经销商这么多年来的工作经验和资质是不会被抹灭的，经销商对于各地的物流配送、金融服务、客户服务等方面都有很多经验，特别是对于一些在本地的经销商，对于当地的各种市场渠道情况更是了如指掌。

因此，经销商可以建立起一家专业的营销咨询公司，成为一家第三方的服务公司。专门服务于生产厂家或者销售公司，利用经验和渠道帮助他们进行物流配送服务、金融信贷服务、信息服务、运营管理服务等不同的服务，来帮助他们开拓市场，推广产品。这样，在品牌连锁公司的产业链中，经销商就可以为公司提供更多好的建议和服务，为品牌连锁公司的发展继续做好服务。

从2014年开始，电动车市场就开始出现饱和。其主要表现是市场开始出现负增长，同质化竞争严重，利润越来越微薄，一辆车只有50元的利润。与此同时，经销商的房租、人力成本却越来越高，为了改变这种情况，某城市最大的三家电动车经销商在维持现有批发零售业务的基础上联合成立了车便利咨询服务公司，以求逐渐将经销商向第三方服务商进行转型。而电动车的售后维修和救援都是很大的一块市场，传统中这些服务都是由品牌商各自提供的，但是打破了这种品牌界限。

该电动车以第三方服务商的身份，通过智能化的信息系统整合线下维修网点，借助互联网手段为任何品牌的电动车用户提供快速及时的上门维修服务，成功实现了职能转换，开拓了新的市场，得到了更高的利润。

从如今的零售市场来看，如同电动车行业一样，都面临着激烈的市场竞争以及庞大的成本压力，进入了发展“瓶颈”期。在这种严峻的形势之下，在经销商这一环节之上需要不断升级与突破，进而寻找新的发展出路。

总的来说，作为零售产业链中的重要一环，经销商仍然是不可或缺的。但面对新的形势，快速变化的世界，这对经销商来说，既是危机，也是机遇。经销商应该抓住机会，顺应潮流改变自己，转变职能，做好服务，才能在品牌连锁公司的产业链中一直起到中坚作用，和其他环节相互交流，共同建造产业链共创体系。

4. 实体店价值回归：打造优势体验感

实体店，作为一种古老的销售渠道，一直有着巨大的影响，每一个人购物不管买的是什么，都会去实体店购买。但是随着互联网的快速发展，依附于互联网的网上商店也在迅速发展，这些网店凭借着投入小、风险低、覆盖范围广、价格实惠、消费者不需要出门等优势迅速地占领了市场。越来越多的人开始习惯于在网上购物，这就导致实体店的人流量越来越少。

与此同时，很多实体店因为租金贵，成本太高，人流量太少赚不到钱而关门，就连一些大的品牌连锁公司旗下的实体连锁门店也是如此。很多人都在高喊，实体店已死，实体店未来没有希望。难道实体店就真的不是网店的对手，注定竞争不过网店吗？事实并非如此，实体店和网店相比，实体店具备一个显著的优势，那就是体验感。

所以，作为品牌连锁公司产业链中的一环，实体店想要继续发挥重要的作用，为公司的销售业绩更上一层楼，就要做到让实体店价值回归，打造优势体验感。

体验感就是消费者可以直接看到产品实物并进行体验的过程。因为在网店中，显示产品样子的一般是拍好的图片，这些图片的确非常精美漂亮，但它们是看不见摸不着的。比如，一家卖衣服的网店，消费者只能够通过图片看到这件衣服有多好看，却不能够亲手摸到这件衣服的面料材质，也不能够试穿。最终导致不能确切知道这件衣服到底适不适合自己。如果看到一件衣服，消费者很喜欢，就购买了，但是直到衣服到货后，才知道这并不是自己想到的东西。这个时候，消费者不光因为衣服买错了而烦恼，退换货也很麻烦，要经过很长的时间。有的消费者嫌麻烦，买错的衣服也就压在了箱底，造成了不必要的浪费。

但是在实体店，如果消费者看到了一件好看的衣服，就可以通过试穿，查看衣服材质来进行辨别是否适合自己。即便是买错了，消费者也可以直接去实体店要求退换，简单又方便。当然，这只是体验感的最直接表现。除此之外，实体店还可以创造出更多的体验价值来吸引客户，提升服务品质。

（1）打造个性化环境

很多消费者其实愿意去实体店购物，并不是真的就想去购物，以服装实体店为例，很多女孩去服装实体店购物只是一种消遣和娱乐的方式，她们希望可以在购物的途中和朋友们进行沟通，在进入店铺消费的时候可以得到店员们的热心推荐。并能够在每一次试穿衣服的过程中体验到不一样的乐趣，同时感受店铺内的环境气氛，来品尝购物的乐趣。这和网店中那一个个冰冷的页面和一张张毫无生气的图片相比是无可取代的。

因此，打造个性化、有特色的店铺环境对于实体店而言尤为重要，它可以在一定程度上增添店铺的“颜值”以及价值感。

在蒙杰诗丹女装的实体店内，就有着个性化的环境。不同于一般实体店只摆放产品，蒙杰诗丹女装的实体店两排都有绿色植物，还有咖啡甜品、复古的相机行李箱、悠扬的音乐缓缓播放等设置构成了个性化的环境。消费者在服装店内，可以品咖啡，听音乐，想着自己的事。也可以在缓缓的音乐节奏中慢慢地挑选衣服。对于消费者来说，服装店成了一个放松心情、低调惬意的休息地。消费者在购物中体验到了舒适的慢生活，没有烦躁，没有匆忙，没有压力，只感觉这是一次开心的购物之旅。

个性化的环境会让更多的消费者愿意来此店购物，也会让实体店增加很多回头客。而这一切的环境体验是网店所不能够提供的，和网店相比，实体店个性化的环境为消费者提供了优势体验感。

此外，实体店还可以根据自身的品牌特点或者将当地的一些民俗融入实体店里来打造个性化的环境，形成独特的体验感。

（2）提供体验式服务

想要打造优势体验感，实体店还要有体验式的服务。比如，产品的免费试用，产品的免费试吃，这都可以让消费者直接感知到产品的好坏和是否适合自己。

而在网店上，单凭在网页上浏览图片和信息，并不能代替视觉、触觉以及听觉上的体验感。特别在是选购衣服之类的产品上，就更不可能通过当场试穿来看看合不合自己的身，这对消费者来说就是一个很麻烦的事情，因为可能你看上的产品与实物的差距会很大。但这一点在实体内就不会发生，消费者可以在实体店内亲自看到衣服的尺码是否合适，裁剪是否合身，哪种颜色摸起来质感更好，哪种颜色更好看，亲自体验到哪种衣服更适合自己，这也在一定程度上避免出现图片与实物不相匹配的情况发生。

除了可以亲自体验产品这种体验式服务，在实体店，店员还可以和消费者进行面对面的交流沟通，提供服务。如果消费者有什么问题或者需求，店员都可以及时地给予解决，让消费者有很好的购物体验。而在网店，消费者和店员一般是通过打字或者语言交流，远远没有直接到实体店看这样直观。和实体店相比，网店关于店员的服务体验就不够好。

还有的实体店也安装了一些高科技体验产品，比如，阿迪达斯就和英特尔合作推出了一款“虚拟鞋架”，消费者在阿迪达斯的实体店可以通过这款“虚拟鞋架”直接变换鞋的款式，来看自己到底喜欢哪双鞋，十分简便。这也给了消费者很好的体验式服务，这是网店多比不了的。

总的来说，实体店虽然受到了电商的冲击，生意变得没有原来好，但是实体店不会消亡，品牌连锁公司要通过环境和服务让实体店做到具有优势体验，来吸引更多的客流。相信在未来随着不断的优化升级以及价值回归，实体店一定会赢得属于自身的发展优势，长久地屹立于市场之中。

5. 物流价值回归：提高库存周转率

物流，在专业上被定义为是物品从供应地向接收地的实体流动过程中根据实际需要，将运输、储存、装卸搬运、包装、流通加工、配送、信息处理等功能有机结合起来，进而实现用户要求的一个过程。物流一直以来都在企业的产业链中发挥着重要的作用，是联结一个企业上下游的重要环节。也就是说，一个品牌连锁公司想要发展得更好，在各个销售渠道都能够很好地销售产品，并不取决于这个连锁公司生产产品的多少，而取决于这个连锁公司能否通过优秀的物流能力将消费者想要的产品送到他们的手上。

然而随着现代技术的迅速发展，互联网的广泛传播，优质的物流服务被越来越多的消费者所需求。像传统物流这样只提供简单的位移，将产品单纯地从一个地方移动到另一个地方，一直都是被动的服务，一直都是由人工服务，没有统一的服务标准，只注重点到点服务的物流体系已经没有办法满足消费者日益增长的需求。

所以，品牌连锁公司需要建立起现代的物流体系，做到可以主动为消费者服务且提供增值服务，实施的是信息化的管理，标准化的服务，能够构建起全球的物流服务网络，随时随地无死角地为消费者提供物流服务。而想要做到这些，就需要让物流价值回归，做到提高库存周转率。

库存也就是指在物流的过程中企业仓库产品的数量，它在决定品牌连锁公司运营的成败中发挥着重要的作用，而提高库存周转率也就是指让企业仓库中的产品可以迅速地流动，提高其流动率。毕竟，对于品牌连锁公司来说，零库存就是对库存最好的管理。因为库存越多，占用的资金就越多，因此也会造成巨大的负担。相反，库存太少也不行，因为这样可能会造成品牌连锁公司出现产品断货的情况，很有可能会影响销售渠道的销售量。

因此，只有提高库存周转率，让库存不再成为限制销售和连锁公司发展的障碍，才能让品牌连锁公司的产品不会出现堆积，也不会出现紧缺的情况，进而能够保证生产或者销售的经营需求，提高品牌连锁公司的资金周转，提升公司的核心竞争力。那么，如何提高库存周转率，让物流价值回归呢？

（1）建立零售信息反馈系统

品牌连锁公司想要提高库存周转率，就需要建立零售信息反馈系统，时时掌握购进产品，销售产品以及库存产品的信息。品牌连锁公司还可以和提供产品的供应商进行联网共享产品的信息。这样，当品牌连锁公司旗下的某一家实体连锁门店或者网店出现缺货的时候，就可以直接在零售信息反馈系统上看看其他实体连锁门店的产品库存多，进而从他们那里得到补充。除此之外，实体连锁店还可以在零售信息反馈系统上从供应商那里补充到货源。

基于此，商家不再需要慢慢询问哪家连锁门店有可挪动的产品，不需要去挨个要求产品供应商将产品送过来，通过建立零售信息反馈系统就可以了。最终不仅可以提高库存的周转率，还可以减少因为缺货带来的销售损失和成本，以及因为产品堆积而造成的有形甚至无形损失的成本。

（2）提高供应链反应速度

供应链的反应速度决定着库存周转率的快慢，品牌连锁公司要做到在销售产品之前就准确地预测到销售量的多少。要做到这样，品牌连锁公司可以积极地观察早期的产品销售数据，并在早期就通过时时跟踪来保证数据的准确性，然后通过分析这些数据来知道产品的销售情况到底如何。这样，品牌连锁公司早在一开始就可以预测到产品是卖得好还是不好。如果初期卖得好，就可以及时采取补货措施，防止连锁门店或者网店出现缺货的情况。如果初期卖得不好，就可以减少订货量，进而降低因为产品堆积所带来的损失。如此，在预测到产品的销售量之后，就可以及时地做到缺补少退，不需要再有别的程序，供应链的反应速度自然就会快很多。

（3）对库存进行分库

品牌连锁公司可以将产品分为 A、B、C 三类，然后分别进行库存，不再混在一起库存到一块儿。其中，A 类产品属于库存重点监视的对象，对于整个库存来说很重要。对于这类产品，每一周都要进行检查，查看数量和质量情况。不管是取出来还是放进去，库存都要有严格的记录。一般来说，占总库存价值的 70%~80%，但是却只占产品总量的少数，只有 15%~20%。B 类产品属于价值中等的，对于总库存也有一定的重要性，一般来说，占总库存的 15%~20%，占产品总量的 30%~40%。同时，对 B 类产品也要进行检查，但频率可以没有 A 类产品那么频繁。C 类产品的价值属于低等的，对于总库存的重要性可以忽略不计，一般来说，占总库存产品价值的 5%~10%。但却占产品总量的大多数，通常有 60%~70% 的数量。在将产品分库之后，产品的价值和占产品总量的多少就一清二楚，品牌连锁公司就可以直接方便地对产品进行周转。哪家连锁门店少了哪类产品，就去那类分库里面补充货源，哪个连锁门店的产品数量多了，就将这个产品按照类别放进对应的分库中。这样，就可以提高库存周转率。

总的来说，物流是决定品牌连锁公司发展的经脉，而库存是其中最薄弱也最重要的一环。只有提高库存的周转率，让产品物尽其用，才可以让物流价值回归，实现产业链的信息化联动，为构建产业链价值共创体系添一份力。

6. 电商价值回归：引流拓客，数据共享

在互联网的快速发展下，一种新型的零售模式横空出世，并以迅雷不及掩耳之势占领市场，打破原来实体店一家独大的情况，这就是电商。电商，简单来说，就是网上商店，作为一种依托互联网，在网上开虚拟店铺的销售渠道。已经借助互联网的广泛传播，受众面广，覆盖范围广，人流量众多等优势将销售带向了新的层面。很多品牌借助网店被大众所熟知，也为这些商家赚取了大量的利润，于是，越来越多的实体店为了争夺人流量，开始在互联网上开网店。

然而，随着众多商家的扎堆开店，电商在一开始的人口红利却在慢慢地消退，实体店在经过一开始的阵痛后开始反击，利用体验感这一优势吸引了大量的客流。在消费红利渐渐消退之后，电商要怎样做才能维持当年的风采？面对这一发展趋势，就需要让电商价值回归，做到引流拓客，数据共享。

具体我们可以从以下几点来考虑：

（1）突破传统电商营销

在过去，传统电商营销拓客引流的方式主要通过红包、优惠券、会员卡、满减等营销方式。这些营销方式虽然也产生了一定的作用，但是从整体的角度来看，这种拓客引流的方式仍然是保守的、有所局限的。因为这样的模式更偏向于老客户的回馈，在老客户身上会产生较好的效果。而对

于新客户而言，这样的模式就很难引入更多的新用户，难以拓展更多的消费人群，因此拓客引流的效果也就不是很明显。

与此同时，从成本的角度来看，传统的电商营销方式的成本较高，对于老客户长期回馈的力度较大，并且一直维持不变的客户量，就长远发展而言，并不是长久之计。所以对于电商平台来说，想要拓客引流，获得更多的客户资源，眼下突破传统的营销方式才是最佳的选择。

为此，电商家可以充分利用网络信息技术，例如，利用微信、微博平台的社交属性，让用户在共同的社交圈中互动起来，一方面可以加强产品的宣传和营销，提升自身产品的品牌价值；另一方面可以将老客户作为营销的“利器”，利用老客户的口碑和好评效应拉动更多的新客户人群。

除此之外，电商平台还可以推出一些活动，可以通过小程序拼团，砍价功能使用户在各自的社交圈互动起来，最终实现低成本拓客引流。

例如，电商平台蘑菇街就构建了“拼团”小程序功能组件，支持商家自定义设置，通过功能支持、拼团价格设定、购买次数限制、开团人数限制以及组团设置等功能，提供自由、优惠、便捷的购物方式，最终为用户带来了良好的购物体验。

这种购物方式，不仅能够促进用户之间的互动、交流，引来更多的消费人群，增强购买力；同时商家通过邀请、限制购买次数以及开团人数等手段，一边保持客户的合理消费，一边根据自身情况灵活设置购买规则，自由把控活动情况。

（2）充分利用大数据

在互联网时代下，大数据技术是很多企业和店铺发展过程中必不可少的新技能，除了能够帮助商家获取大量的用户信息之外，还可以在此基础上分析用户的需求、喜好，为用户画像，精准锁定用户，从而进行有效营销。

对于电商而言，这种依托于互联网技术的平台，自然要抓住大数据的优势，帮助自身详细分析经营数据、用户信息以及市场信息等情况，通过数据分析为商家锁定客户，提升客户购买率，从而提高盈利收入。

例如，在微信平台中，我们经常会发现一些商家通过“砍价”的方式来拓客引流。用户可以将砍价的链接在微信、QQ等社交平台上分享，通过用户身边的亲朋好友帮忙，一起加入“砍价”大军。最终该用户通过砍价得到了实质性的优惠，商家也通过用户分享砍价获得了大量的流量信息，在此基础上，商家还可以利用大数据技术针对这些信息进行有效分析，进而找到更多潜在的目标客户。

并且，随着用户资源的不断积累，商家可以充分将用户信息利用起来，可以运营自己的客户群，建立属于自己的客户销售系统，这样一来，既能够将产品快速地销售给客户，同时也能够节约宣传和营销成本，利用网络数据就可以实现快速营销、快速盈利。

总的来说，电商之所以能够迅速崛起，并且赢得庞大的市场环境，不仅仅源于它的快捷、便利的特点，还源于其发挥网络信息技术的优势，能够快速吸引更多的流量，获得大量用户资源。基于此，店家随便推出一些活动，势必会吸引更多的用户，获得更多的支持，无论是对于整个品牌而言，还是对于长久的盈利，都发挥着重要的价值作用。

7. 联盟价值回归：为上下游提供共享渠道

近年来，电商的兴起打破了传统线下分销区域的限制，改变了零售和消费的方式，同时也有很多商家捕捉了新零售模式的商机，将线上与线下店融合在一起，实现全渠道销售最大化的经营模式，打造品质最优，服务最佳，体验最好的购物方式。

那么，在现今竞争如此激烈的市场环境中，如何做到线上和线下高度融合，为消费者提供更好的消费体验，更优质的产品？如何帮助实体零售业领先市场，实现更快、更好的发展？这就需要零售业进行联盟价值回归——为上下游提供共享渠道。

具体可以从以下几点进行考虑：

（1）打造全渠道物流平台

随着云计算、大数据等信息技术的应用与普及，物流平台得到了快速的发展。对于零售业来说，物流渠道的好坏直接影响到店铺的运营和发展，好的物流不仅可以提供服务效率，同时也能够获得消费者的认同与喜爱。因此，对于零售业来说，打造出一个全渠道、高效率的物流平台是至关重要的。具体发展策略可以参考以下几点：

- 筹建仓储网络，依托自营仓库和合作仓库，为客户提供标准化、专业化的仓储和配送服务。

➢ 配送的涵盖范围尽可能覆盖全国主要干线和人口集中的区域配送中心。

➢ 根据经营战略建立零售共享渠道，专门负责提供共享服务，进而保证为客户提供更加快速、便捷、专业的服务。

➢ 将线上和线下资源进行整合，为客户带来新的运营灵感，将线上和线下快递、快运都从同一仓库发货，增加渠道销售灵活性。

（2）掌控上下游产业渠道

随着“互联网+”“供给侧改革”国家战略的推进，电子商务已进入全新的高速发展时期。在“产业+互联网”的大背景下，电商改变了企业的经营模式，同时也优化和提升了产业生态，解决了信息不对称问题，从销售管理到客户服务，到供给侧生产供应链的改革，都发生了一系列显著的变化。

可以说，电商给零售业带来了新的发展机遇和方向，引导传统商家利用互联网进行转型升级。现阶段，很多零售平台多半是自营模式为主，对于渠道拓展涉及不多。这种情况下，如何提升平台的黏度，为客户创造价值，进而升级供应渠道服务，是零售业亟待破局之处。

想要做到这一点，共享平台如果只是依赖于传统的单一渠道，显然是行不通的。为此，从原材料开始着手，掌控上下游产业链条，为上下游提供共享渠道，进而满足平台的最终需求。与此同时，通过对上下游产业渠道的全面把控，零售业就能够以最低的成本去撬动更大的市场，而随着共享理念的深入和自身经营模式的成熟，这种共享渠道也能够实现快速复制和迅猛发展。

例如，某奢侈品零售店作为奢侈品产业的老大，其商业模式的转变在一定程度上反映出当下整个奢侈品零售业的走向。但是随着消费的升级以及物质水平的提升，奢侈品对于大多数消费者来说已经不再是遥不可及。

与此同时，攒钱购买奢侈品也已经不能满足消费者的新需求，他们更希望时常“换新”。珠宝零售业中共享渠道的出现，其实就是为了满足这种需求。

对于奢侈品零售来说，凭借自身的渠道力量难以实现平台上奢侈品数量众多，且总保持在更新的状态，更难以实现全面而有效的营销。所以，奢侈品品牌店对自身的上下游渠道进行掌控，可以从原材料开始着手或者是从其他渠道入手，进行产品设计上的创新，满足消费者的需求，满足平台发展的需要，最终打造属于自身的品牌优势。

总而言之，就实体店的长远发展来看，联盟意味着抱团取暖，意味合作共赢，想要确保自身实现更快、更稳的发展就需要进行价值回归，发挥出合作共享所带来的价值点和利益点，将上游与下游的发展整合，融合在一起进行思考，从而为消费者提供更好的消费体验，更合理的价格和更优质的产品。

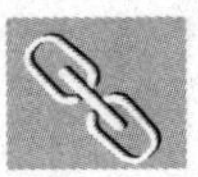

第八章

厚德包容：实体店诚信经营体系

零售业的发展是一条漫长之路，不管是生存、获利还是树立强大的品牌都绝非一朝一夕之事。但是，在商业领域无论走多远，都需要拥有回归本质的能力。回归本质意味着诚信经营，意味着商德唯信，利末义本。只有拥有这种品质，才能够保证实体店获得更加长远的发展。

1. 建立零售业的使命感

无论是在生活中还是工作中，无论是领导者还是基层员工，我们的生活、工作都需要一个方向，需要一个归属点。而使命感则是负责承载我们行动方向以及价值归属的有利“容器”。

马云在湖畔大学的网络公开课《湖畔三板斧》中，围绕“使命感”“愿景”“价值观”三个方面展开论述。谈及使命感，马云将其视为一切的基础，一家企业想要有自己的战略，就要明确自己的使命是什么，明确使命不外乎想明白三个问题：“你有什么”“你要什么”和“你能放弃什么”。

在公开课中，马云以迪士尼为例，迪士尼的使命是，make the world happy，让世界快乐起来。这一使命既不是很夸张，同时也不显得庸俗。谈到使命的重要性，马云这样讲道：使命，在公司生死攸关、重大利益抉择面前会发生作用。使命不是写在墙上给别人看的，是你骨子里面的。

使命感是领导者经营管理上的引擎，引导着他们精神上的追求和行动上的方向。使命感是员工在工作和生活中的指南针，引领着前进的方向，激发着员工的工作热情和动力。同样，对于零售业来说，建立使命感也是一件至关重要的事情。尤其是实体店在经历一系列困境、变革之后，不仅仅是商业巨头开始思考整个零售业的追求、使命、价值观，甚至很多实体店的经营者也开始思考开实体店的意义是什么。

（1）发现利益背后的真正使命

很多人习惯性认为，创业、开店就是为了盈利。而实际上，这种观念仅仅是企业初期经营的保证，很难维持企业更加长久的发展。发现和寻找利益背后的真正使命，才是保障企业长久发展的有效策略。

在当今时代，企业不再仅仅是为股东赚钱的工具，而是为利益相关者谋取幸福的平台。也就是说，企业的使命一定是“价值最大化”，而不是“利润最大化”。对于零售业来说，价值最大化，既包括为店主带来价值，也包括为上下游渠道带来价值，还包括为顾客带来商品价值、体验价值，以及为社会创造健康可持续的发展环境等价值。

（2）将文化管理看作企业职能

将文化管理看作企业职能，让员工认识到组织价值和自身价值，是培养企业成员使命感的重要方法。做好文化管理，让企业的使命渗透到每一个员工的血液里，成为每个员工执行任务的原则及方向。

星巴克的创始人舒尔茨曾以亲身经历为例说明了文化管理对于连锁店的重要性。

有一次他到伦敦去，在一片繁华地带中间有一个人开了一个很小的门帘在卖奶酪。根据国外的饮食习惯来看，奶酪如同柴米油盐一样。按理说，奶酪根本不可能在那么贵的地方卖。好奇心驱使舒尔茨特地跑过去咨询。走进一看，一个五六十岁的老大爷，胡子拉碴，一边唱歌一边切奶酪。舒尔茨问老大爷：“你这个店在这儿开交得起房租吗？”

老大爷说：“先买 20 块钱奶酪我再告诉你。”当舒尔茨买完了奶酪，老大爷说：“年轻人，你出来，你看从这头到那头所有店铺都是我们家的。我们家几代就在这儿卖奶酪。赚了钱我对其他生意也没兴趣，也不会做，我就买下了很多门面房。结果边上的很多店，都租了我的门面房。我依旧卖我的奶酪，我觉得无比快乐。”

奶酪经营者按照内心的使命一直从事着售卖奶酪的工作，他认为这样的工作是有意义的、有价值的，所以才会坚持去做，并且越做越大、越做越好。舒尔茨借用奶酪经营者向企业者传达一个观念，经营公司不论大小，只有经营者以及员工看到经营的意义和价值，才会将生意做得更加长久。

所以，对于企业来说，塑造和培养员工的使命感尤为重要。比如，通过使命的规定，为企业提供原动力，鼓励员工发挥更多的潜能与价值；通过宣贯，使企业使命融入成员的心中，成为员工自己的职业追求，从而在整体与个体之间创造高度的和谐。

（3）将使命感上升到社会价值

随着“O2O”“新零售”线上和线下相结合，优势互补的新零售理念相继提出，线上和线下不仅没有激烈角逐，反而抱团取暖，共同推动商业经济的健康、可持续发展。事实上，这就是零售企业将使命感上升到社会价值的突出表现。

在庞大的商业领域，竞争环境异常激烈，每个企业都认识到自身发展的艰难性与挑战性，这种形势下，连锁联盟、共同创业、线上和线下相结合等一系列打着共赢旗号的商业模式应运而生。而事实上，不管是鼓励自身拥抱“新零售”，还是创造共赢的发展环境，都是零售业赋予自身的使命感。并且随着零售业发展的日益成熟，使命感将会引领整个商业领域发展的主风向，引领零售业快速、平稳地发展。

2. 品质第一，保证产品质量

实体店在经营的过程中，经常会出现以下几种情况：一些商家为了赢得客户量，不惜投入大量的成本以低价格作为经营战略；还有一些商家为了能够抓住客户群，也纷纷被卷入这种价格战中……

一系列不合理的价格战在破坏着整个市场规律，导致整个零售业的竞争仅仅停留在价格层面，而开始忽略商品本身的价值、品质等元素。

实际上，“品质至上”仍是线下实体店需要坚持秉承的经营理念，仍是实体零售店更加长远的利益所在。那么，实体零售店该如何走好“品质至上”这条道路？

（1）以质量为依托，大力发展品牌战略

实体店想要获得长久发展，要么靠口碑，要么靠品牌。良好的口碑往往是获得源源不断客户的有利途径，消费者在进行消费选择的时候，会下意识地在网上查看实体店铺的好评、评价等来鉴定口碑。所以，口碑做得好，自然在前期的消费选择上占据较大的优势。反之，口碑不好，可能在一开始就会降低更多的消费可能。

强大的品牌往往是实体店获得长久发展的有效策略。随着市场竞争的加剧，那些依靠小本经营、孤军奋战的实体店很难维持固有的发展，所谓独木难成林，作为独立的实体店，如果不能具备强大的品牌连锁，自身也不具备强大的抗风险能力，那么自然很难获得长远发展。

综合来讲，强大的品牌和良好的口碑是实体店稳固发展的基石，也是当下竞争激烈的环境所需要具备的生存之本。而想要建立良好的口碑以及树立强大品牌的前提都源于过硬的质量、优越的品质，这才是最终的价值回归点。只有质量上乘，产品优质，才能称得上名副其实，才能获得实实在在的口碑。

海尔集团的CEO张瑞敏在入主海尔时，发现正在销售的电冰箱存在不少质量问题，并且有不少用户也纷纷来信反映此事。张瑞敏立即带领管理人员去仓库检查，最终在同一批次的400多台冰箱里，竟然有76台不合格。

为此，他立即召集全体员工到仓库现场开会，问大家对质量不合格的电冰箱该怎么处理？很多员工认为，这些电冰箱并不影响使用，干脆作为福利便宜卖给工厂职工作为解决方法。但是张瑞敏看重的是质量意识，他对员工说："我要是允许把这76台冰箱卖了，就等于允许你们明天再生产760台、7600台这样的不合格冰箱。"随即他宣布，把这些不合格的冰箱全部砸掉，然后抡起锤子亲手砸毁了第一台。

张瑞敏意识到产品存在质量问题，并且对于质量的严格把控毫不懈怠，于是当着全体员工的面把一批存在质量问题的冰箱砸了。三年以后，当海尔捧回中国冰箱行业的第一块国家质量金奖时，这也为海尔走向辉煌奠定了基础。

因此，不管是线上零售还是线下实体店，都应该深刻意识到质量问题的重要性，有时候小小的品质环节，可能就决定了一个企业未来的发展命运。而那些不能诚信经营的商家、企业，终究会被市场所淘汰。

（2）以客户为中心，追求卓越品质

随着网络技术的成熟，对于店铺经营者来说，网络已经为了解用户、分析用户、与用户建立联系等准备了充分的条件。例如，想要了解客户，可以利用大数据技术对客户进行精准画像，从而分析出大量的客户信息，客户需求，从而有效地为客户进行产品营销，更好地满足客户需求。又如，想要与客户进行及时互动与联系，可以进行社群营销，建立微信、QQ、交流群，经常与客户进行交流互动，以此增强客户黏性。

小米手机坚持以用户为中心的经营理念。不仅在线下实体店为消费者提供以用户体验为核心的营销场景，同时在小米产品的研发和设计环节也引导消费者积极参与，重视消费者的心理感受和对产品的创造价值，最终打造出越来越多消费者喜爱的产品。

因此，对于实体店来说，想要创造出好的商品，一定要以客户为中心，以客户的需求为中心，注重客户的情感、需求、心理需要等。

在如今产品更新日新月异的环境下，创新和升级意识是一个店铺运营者时刻需要装在头脑中的东西，它可能体现在商品的陈列上，可能体现在客户的需求变化上，也可能体现在新的科学技术创新上等，这些都是小小的创新与升级。而匠人精神，也是如今社会强烈推崇的理念，不管是手艺人还是产品研发者抑或每一个商家、企业，都需要具有这种意识并且沿袭这种精神，因为不仅仅是一种诚信经营的理念，更是一个企业、一个品牌以及整个社会所需要具备的素养。

3. 立足于“诚”，提升品牌形象

品牌形象对于一个连锁企业的影响意义是深远的。在市场竞争日益激烈的环境下，如何塑造出优秀的形象品牌已经成为提升产品竞争力的关键，同时也是实体店生存和发展的关注点。消费者在进行消费选择时，首先考虑的是产品的品牌，包括品牌背后所代表的产品内涵、企业实力、产品质量以及售后服务体系等。加盟者在选择品牌加盟时，看重的是一个品牌的影响力以及未来的发展前景。可以说，谁能够率先一步提升自己的品牌形象，就意味着在同行业的竞争中领先一步。

（1）诚信经营，赢在根本

自古以来，诚信经营早已成为一种根深蒂固的经营理念。诚信经营是保障实体店长久发展的有效策略，同时对一个品牌的信誉也起着至关重要的影响作用。单店经营，不能做到以诚为本，毁掉的是整个店的发展之路；连锁企业不诚信，毁掉的是整个品牌。因此，无论是单店经营还是一个品牌连锁，在经营店铺之初就应该建立强大的信誉意识，将诚信经营渗透到产品质量与服务细节之中，实实在在做事，老老实实做人，而不是偷梁换柱，投机取巧。

（2）赋予文化，提升附加值

在市场环境中，品牌是强有力的竞争手段，同时也是一种文化现象。

从整个商业领域来看，凡是优秀的品牌，基本上都具备较好的文化底蕴。

从酒类市场文化中来看，伏特加代表的是俄国，白兰地代表的是法国，茅台“天香三千年，开国第一酒”代表的是中国。可见，每一个酒类品牌的背后都承载着一个国家的特色和文化。

除此之外，制造业中的“海尔中国制造”，每一个印迹都烙上了中国人的聪明才智，以及格兰仕，一个运筹帷幄，决胜千里，充满睿智与谋略，忧国忧民，虚怀弱谷的长者。

这些底蕴深厚，源远流长的文化都在诉说着一个品牌的文化，发酵着品牌的味道。消费者在作出购买决策时，不仅选择了产品的功效和质量，同时也选择了产品的文化品位。并且随着产品同质化的加剧，很多企业在产品、价格以及渠道上不具备突出优势，品牌文化正好提供了一种解决之道，成为产品差异化的界定标准。

（3）品牌建设，提升公众好感度

在科技发展日新月异、产品同质化严重的大环境下，技术、质量等硬件指标已经难以独立支撑优秀的品牌形象，越来越多的企业开始注重品牌的形象包装，注重品牌的建设。

一般来看，连锁联盟品牌的建设主要包括以下三个层面：

➢ 结合实体店的发展优势，有针对性地进行品牌定位。包括对品牌的命名、对企业文化理念以及企业广告的包装等。

➢ 考虑对店面形象的设计，尤其是对于拥有对外直销的实体店更需要注重自身的商标设计以及店面形象设计等。店面形象可以直接影响到客户的体验心情，进而影响其购买欲。好的店面形象更容易吸引客户，让客户产生消费欲望。反之亦然。

➢ 人文建设。人文建设主要体现的是企业的使命感以及对社会的关注，如果一个连锁企业有着强烈的使命感并且付诸行动，那么自然就会提升公众的好感度。

（4）品牌推广，提升品牌知名度

想要提升品牌的形象，推广是必不可少的。除了对品牌进行资深建设之外，加强品牌的推广，也是提升品牌形象的重要手段。做好品牌推广，具体可以从以下两个方面入手：

➢ 实体推广。

实体推广是一种较为普遍的推广方式，比如，在电视上进行广告宣传，在广播电台进行播放以及张贴海报，发广告单传播等，这些都是企业用来品牌推广，提升形象的方式。

➢ 网络推广。

互联网技术的成熟与普及，受到了各行各业的广泛应用。相较于实体推广，网络推广不仅成本较低，见效也极快，成为目前企业较为青睐的一种推广方式。通常情况下，企业可以采用以下方式进行网络推广，比如在论坛、社区、博客等发布内容，将产品信息发布到各大分类信息平台，利用网站推广自身产品或品牌以及将产品最新信息以邮件的形式发布到用户的邮箱中等。

总的来说，从企业长远利益来看，立足于“诚”，树立良好的信誉意识，就是在不断地塑造和优化品牌，这是企业经营的底线，同时也是制胜的根本。

4. 君子爱财，取之有道

常言道：在商言商，即站在商家的立场上谈问题，从市场经济的角度看待问题，这本无可非议。追逐利润是一个商人的天职，而商家的目的就是通过提供物品这种行为得到自己所需的东西，这是一种利益交换的行为。金钱作为媒介，代替人们和物品制造者的劳动价值。

然而，即便获取利益是本质追求，也需有一个标准和尺度。君子爱财，自然要取之有道，商家亦要讲究信誉和策略，用正确的手段、合理的方法去获取应得的一切。这样才能得到真正的效益，从而推动自身更加长久地发展。

反之，如果商家、企业不能通过合理的手段获取利益，而是利用非法途径，牺牲道德利益去牟取暴利，自然要遭受到法律的制裁以及市场的淘汰。面对前车之鉴，作为实体店，应该如何正确而有效地获取利益呢？

（1）遵守法律、遵循商业原则

法律和原则是约束和管制行为的一种标准、一种监督方式。不管是一个小型的实体店，还是一个大型的企业，都需要遵循市场经济规律、遵循法律、遵循整个商业领域的经营原则。只有这样，市场环境才能相对正常、和谐，市场经济才能平稳发展。反之，如果整个市场环境中官商勾结、利益谋合、非法经营等现象层出不穷、戾气弥漫，那么整个市场环境就会呈现出不公平、不和谐，各种矛盾冲突就会日益显现出来。这对于商业领域以及整个社会来说都是不利的。

因此，如果经营者从一开始实体店就应该在心底里设定最基本的道德底线、商业底线，不去触碰它、更不去动杂念。在法律范围内，踏踏实实地做事，合理地经营手中的产业，自然也能够获取真正属于自己的财富。

（2）通过正当合理的途径寻找新的获益点

很多经营者之所以做出非法经营、滥用职权的行为主要原因有以下三点：

- 非法获利是最短的途径，不用付出太多的努力，投机取巧就可以轻易得到；
- 非法获利是最有效的途径，能够快速地缓解资金短缺和经营压力；
- 认为商业无关道德，只关乎利益。

每个经营者都渴望付出百分之五十的努力就获得百分之百的收获，都希望用最短的时间、最短的途径、最有效的方式获取更多的利益，甚至认为商家就是为了谋利而生，至于用什么样的途径和手段并不重要。

事实上，追逐利润是每个商家的本职，是每个商家所渴望的，这本无可厚非。那么，获取更多的利益出发点是没错的，我们需要考虑的是过程，比如，通过什么样的途径，借助什么样的手段，以什么样的方式来获取利益等。这才是最重要的，这才是解决问题最合理有效的方式。

从商家的角度来看，如何在合理的范围内，通过正当而有效的方法来获取更多的利益是我们需要密切关注的事情。同时也是我们有效避免错误行为，引领新的管理理念的有效方式。为此，在经营过程中学会多角度思考，积极寻找新的方向、新的路径来分析问题、解决问题，这可以在一定程度上避免我们误入“歧途”，避免做出不正当的选择和行为。

5.商德唯信，利末义本

综观整个商业世界，市场经济不断繁荣，消费者的物质水平与文化生活都得到了极大的改善，人们的购物理念与购物需求不断提升。各行各业的商家纷纷涌现，在经济利益的不断驱使之下，假冒伪劣产品横流，同质化产品遍地可寻，食品安全事件、消费者上当受骗事件频频爆出……在商业领域中，利欲熏心、唯利是图等一系列失德行为正在蔓延滋长。

这些道德的缺失，着实让部分商家品尝到了甜头，并且在前期不用太多的投入就轻松获得财富，但是就自身长远的发展来看，这种行为无疑是在自寻死路。与此同时，随着商业道德缺失的加剧，也在扰乱整个商业环境以及整个市场的经济规律。

因此，无论是从实体店还是从整个市场环境、经济规律来看，这种戾气弥漫、商业道德的缺失都是亟待解决的问题。

（1）传递正确的商业理念

为人须有“品德”，为商亦须有“商德”。何为“商德”？“商德”即商业道德。商业道德贵在一个“信”字。“信”者，人言也。正所谓：“商德唯信，利末义本”，说的就是这个道理。其中利末义本，“利”是指利益；“义”是指道义。利末义本主要是指始终坚持先义后利、义中取利的心态。

对于实体店而言，商德是宝贵的无形资产，能够坚持商德唯信、利末义本的企业自然能够获得更多客户的支持，获得更加长久的发展。从某种程度上来说，不以追求利益为目的的企业不是好的企业；但是以追求利益为唯一目的、放弃诚信和道义的企业，不是长久的企业。追求利益是企业最本质的使命，但是当它与诚信、道义、商业道德等底线原则相违背、相冲突时，我们就需要暂且放下眼前的利益，用更加长远的、发展的思维和眼光去看待问题和解决问题。而不是为了获取利益，通过不诚信、虚假的经营手段来维持生存。

除此之外，“利末义本”还体现在想员工之所想，让员工体会到集体的温暖和归属感；于客户而言，善待客户，以客户为中心，急客户之所急，创造性地去为客户服务，提升服务价值。综合来讲，不是一味地追逐利润，而是懂得分享利润，懂得成就员工、成就客户，成就更多的价值。

（2）树立诚信的经营体系

诚信是一个古老而具有现实意义的重大经济社会课题。企业信用的建立是完善市场经济体制的一大保证。一般情况下，企业信用管理的总体目标是力求企业在实现销售最大化的同时，将信用风险降至最低，从而使得企业的效益和价值得到最大限度的提高。

可以说，诚信建设是一项系统工程，贯穿企业经营的全过程，对于企业可持续发展有至关重要的作用。 那么，对于实体店来说，如何建立有效而完善的经营体系?

➢ 树立诚信经营的理念。

无论是在店铺的内容简介还是在市场经济活动中，时刻注入诚信的内涵，忠实履行各种契约的承诺。以体现自身的信用并塑造良好的店铺形象，从而实现更加持久的发展。

➢ 加强和稳固诚信链条。

诚实守信是实体店之间，实体店与消费者之间联结的有效链条。如果实体店过于看重自身的利益，各种服务规范和准则就会束之高阁，形同虚设，各种失德行为就会发生。例如，假货横行，劣质产品处处可见，同质化产品充斥着整个市场……

而往往这些商业信用的缺失，不是在流通领域内形成的，恰恰是由于商品生产环节把关不严，为假冒伪劣产品提供了可乘之机。而一些实体店经营者又与商品生产者进行利益勾结，形成默契，明知商品有问题，依旧堂而皇之地摆放在货架上，最终损害消费者的利益。久而久之，消费者也会失去对商品和实体店的信任，进而对商业店铺的信誉产生怀疑，使其形象受到损害。

➢ 恪守诚信价值观。

诚信经营的含义早已突破往日在市场交易活动中诚实守信的狭义概念，已经逐步外延拓展到实体店经营活动中所遵循的实体店伦理及其价值观。这种价值观包括实体店与利益相关者的关系遵纪守法，以及尊重客户、社区、环境有关的政策与实践的集合，是企业为改善利益相关者生活质量而贡献于自身以及社会可持续发展的价值观。

具体而言，实体店在创造自身利益的过程中，必须对员工、合作伙伴乃至整个环境负责。比如，遵守商业道德、重视安全生产与职业健康、保护劳动者合法权益、实行清洁生产、节约资源、减少污染、保护生态环境等。

总的来说，随着经济发展的不断成熟，越来越多的实体店认识到在社会发展进程中，面对日益凸显的经济发展与社会进步、资源、环境的冲突与矛盾，那些不诚信、不正当，自毁信誉的商家已经难以拥有一席发展之地。而将诚信道德与企业伦理相结合，对经济及其社会环境的协调和谐发展发挥着不可代替的调控作用。

6. 以合理利润支撑创建幸福人生

2006年6月，巴菲特宣布向盖茨基金会捐赠当时价值约310亿美元的股票；

2015年，比尔·盖茨为慈善机构已经捐赠出惊人的280亿美元；

2015年，Facebook创始人扎克伯格喜得千金，也宣布将捐出持有股票的99%用于慈善事业；

2015年9月，阿里巴巴创始人马云通过捐赠阿里巴巴股权设立慈善信托基金，第一次高调捐赠就成为中国最大单笔个人捐赠，在当时此部分股权市值约145亿，该基金将用于环境、医疗、教育和文化领域。

这些捐赠数值的背后，是道义，是情怀，是对整个社会的责任与担当。并且随着整个商业领域的繁荣，越来越多企业领导者在获取商业利益的同时，也在回馈社会，创建整个社会的幸福。

然而，在市场竞争激烈的当下，无论是对于小本经营的实体店，还是大一些的连锁品牌店，都在专注于如何生存，如何强大自身，捉襟见肘的资金状况已经很难支撑他们承担更多的社会责任、展现出更多的道义和情怀。这种情况下，如何以合理的利润来支撑发展，同时又能够创建更多的社会价值，是每个实体店都迫切实现的事情。

（1）开源节流，维持合理利润

在竞争日趋激烈的市场环境之中，面对外部的竞争压力，实体店开源节流，降低成本，已经成为经营者密切关注的话题。对于实体店来说，“开源”就是增收——开辟增加收入的途径；“节流”就是节支——节省不必要的资源消耗与费用支出。

如何开源节流，具体可以从以下几点考虑：

- 增加营业量，以增加收入；
- 提高劳动效率，以提高产量；
- 提高资金的利用率，以提高经济效益；

除此之外，在降低成本方面，可以从以下几点考虑：

- 降低采购成本；
- 降低营销成本；
- 降低生产成本；
- 降低人工成本；
- 降低财务成本；
- 降低管理成本。

作为一名店铺经营者，开源节流不仅是保证企业活力，增强企业竞争性的有利因素，同时也是推进整个商业领域生态发展的新路径，能够引领自身在竞争中处于不败之地，让实体店走得更远、更好。

因此，实体店需要灌输开源节流的概念，同时也要将这种概念体现在切实的行动中。通过高水平的管理，实现真正意义上的开源节流，进而达到实体店社会效益与经济效益的双重丰收。

（2）利益共享，赢得多赢局面

作为实体店经营者，如果没有足够的利益支撑是难以创建更多的价值服务的，如良好的售后服务，丰厚的用户回馈，与员工、合作伙伴、消费者之间达成的利益共享等。相应地，如果没有良好的售后服务，丰厚的用户回馈，也就不能为实体店带来更多的客户，创造更多的价值。如此循环往复，就会导致实体店一直在原地打转，无法得到快速而有效的发展。

那么，如何有效突破这一局面？这就需要营造出利益共享的局面，通过小利益积淀出更大的利益。拿产品的使用价值来说，如果消费者不认为产品的价格太高，商家又有利可图，这就等于实现双赢的局面，同时也属于合理利润，后期就会吸引更多的客户前来消费，从而延伸出更多的商业价值。

除此之外，利益共享还体现在实体店与员工之间。以华为公司为例，华为创始人任正非大力推行利润分享计划，努力实现组织与员工双赢的局面。

华为于1987年由任正非创立，目前员工总数已达到17万人，其中超过4万人来自其他国家，且全球顾客人数已突破30亿人。这是唯一一家海外营收（67%）超过中国本地营收的中国企业。

从华为草创初期，任正非就设计了员工持股制度（ESOP），只是当时他对于西方的各种奖励制度并不熟悉，还不知道股票选择权这种制度。

而如今，任正非本人仅仅持有华为总股权的1.4%，其他股权则由82471名员工共有（根据2014年12月31日华为的2014年度报告所示）。此外，由于华为并未公开上市而是由员工持有，也就代表公司的营收有一大部分会直接由员工享有。

在华为的案例中，让所有员工都有机会增加财富，正是员工持股公司的特点之一。从一般的上市公司来看，主要是由最顶层少数人乐享利益、并且服务外部的持股人，结果公司内部的薪水落差不断加大。

而任正非一方面相信员工，并为员工创造出了人人平等的机会，鼓励和引导员工赚取更多利润，另一方面也让那些能力强的员工拥有更多的影响力和权力。在任正非看来，利润分享是激励员工的有效手段，更是对员工工作的一种认可与奖励。与此同时，员工一旦获得共同的利益，将会更加重视自身与企业的发展，将自身与企业的发展融合一体。

因此，对于实体店而言，引导自身在合理、合法的轨道上发展，以合理的利益支撑实现共享，让生产和销售过程中的所有参与者，包括供应商、生产商、经销商和消费者都能得到合理利益，这才是多赢的发展局面，才是实现商业持久发展的有效途径。